Vox Exigua

Rectificado

Alejandro Ortiz

Originalmente Publicado 21 de diciembre de 2013

ISBN: 0615940048 (Rectificado)

ISBN: 978-0615940045 (Publicaciones V.E.)

Tercer Volumen de la Serie Vox Exigua

Dedicatoria

A todos aquellos que fueron engañados en creer que en las órdenes
esotéricas y fraternales encontrarían a Dios…

ORTIZ y VELEZ

AUT CAESAR   AUT NIHIL

CONTENIDO

INTRODUCCIÓN AL VE: RECTIFICADO

Alejandro Ortiz

Rectificando

Dediqué más de 20 años de mi vida a las órdenes esotéricas y fraternales. Por un lado fue una gran pérdida de tiempo. Sólo descubrí una falsa espiritualidad y un ausente sentido de hermandad.

Por otro lado, esos 20 años me dieron dos grandes lecciones. La primera, estuve expuesto en primera fila a las enseñanzas, dogmas y ceremonias de estas órdenes esotéricas y fraternales. Ya no hay secreto que no haya sido develado. Ya que no nunca los hubo. La segunda gran lección, fue ese gran vistazo a la mentalidad de las personas que habitan en esas órdenes esotéricas y fraternales. Sus secretos, miedos y motivaciones me fueron revelados.

Esta experiencia lo único que ha logrado es alejarme de esas órdenes esotéricas y fraternales... a compadecerme de esas personas que están en ellas... a despreciar a esos líderes y pseudo intelectuales que se aprovechan de sus matrículas... y a tener una mente crítica ante todos los dogmas psicóticos y mentiras que se desarrollan y se perpetúan en esas órdenes.

Con el *Vox Exigua: Rectificado* espero poder hacer más claro el mensaje que se perdió en los primeros volúmenes. El de una persona que en algún momento creyó en las "enseñanzas" de las órdenes esotéricas y fraternales, pero que a esta fecha es un detractor de las mismas.

Vox Exigua fue un gran diario de lo que fueron mis experiencias y las de algunos amigos que me acompañaron en esta aventura. Es un reflejo de lo que en momento en algún pensé. Ahora está del lector aprender y no cometer los errores que cometí.

Alejandro Ortiz
21 de diciembre de 2013
Puerto Rico

Pd. De ninguna forma o manera reniego de lo que en algún momento creí y pensé. La gran diferencia entre esa persona y la persona que escribe ahora, es una madurez emocional e intelectual que carecía en aquel momento.

PRÓLOGOS: TOMO 1 & 2

Alejandro Ortiz

Prologo Tomo 1

Las órdenes místico esotéricas y fraternales están llenas de miedos y restricciones. Son antros donde el dogma es más importante que la inteligencia o la libertad. Donde la trascendencia y la realización espiritual toma un segundo plano.

En estos lugares se utiliza como fuente de poder la falacia de autoridad y el miedo a las ideas que no son aprobadas por un comité central. Cuyo interés principal son las cuotas de membresía no las personas que conforman esa matricula. Por eso perpetúan las supersticiones sobre cosas 'malas' o 'peligrosas', que son la mera creencia en miedos infundados y restricciones innecesarias para el progreso espiritual de sus miembros.

En reacción a estas tonterías comencé la Sociedad Oculta. Un experimento para jóvenes ocultistas. Uno de mis colegas, quien sería un fundador de la S.O., me sugirió que 'estableciéramos un grupo de estudio y práctica de la magia'. En donde pudiéramos poner en práctica todo lo que habíamos leído y estudiado sobre el misticismo y esoterismo. La S.O. tendría como razón de ser el poder poner en práctica toda esa teoría de la magia ritual y el ocultismo sin miedos o restricciones.

Este experimento de inmediato logró reclutar a otros jóvenes. Quienes no estaban conformes con los paradigmas de miedos y perpetuación del poder en las órdenes místico/esotéricas. Los miedos de las previas generaciones a explorar los confines más oscuros y maravillosos del alma humana no existirían en la S.O. Así, que nuestra tarea principal sería el estudio diligente de las teorías y técnicas de la magia ritual para luego proceder a efectuar las ceremonias y rituales que tanto nos fascinaban.

Luego de años de experiencia, decidí publicar nuestros estudios y experiencias. Se pretendía compartir, plasmar y perpetuar nuestras opiniones, historias y experiencias con lo místico. Inspirado por ejemplo de Aleister Crowley, Mdm. Blavatsky y otros tantos místicos que publicaron sus experimentos y opiniones, construí nuestra revista llenándola de comentarios, anécdotas, intereses y experiencias.

Elegí, y vendí la idea a mis colegas ocultistas del nombre: Vox Exigua. Siendo herederos de las tradiciones romanas y su lengua latina, Vox Exigua tenía un sonido distinguido y un aire de misterio. Además provenía de la poesía del poeta romano Virgilio, lo cual le añadía a la mística del nombre. A esto se le sumaba que en el contexto de la Eneida este se refería a las artes y ciencias ocultas. Ese nombre era perfecto para lo que quería hacer.

El Vox Exigua se convirtió en un testigo y yo su principal escriba, de los cambios en perspectivas y adquisición de madurez. Los cuales pueden ser apreciados en la evolución del contenido del Vox Exigua. La calidad de lo escrito era tan sólo un reflejo de la calidad de los ocultistas que crecían a través de la experiencia de hacer más allá de las restricciones y los miedos ancestrales.

Vox Exigua es la evidencia de que pensamos e hicimos lo que reclamamos pensar y hacer. Seamos Rebeldes e Iconoclastas, que ningún lugar sea mantenido como sagrado,

A.O.

2002

Prologo Tomo 2

Con el Segundo Volumen del Vox Exigua se concluye un proyecto de una década. En el cual estudiamos las diferentes escuelas del ocultismo y tuvimos la oportunidad de desarrollar nuestra espiritualidad. En el proceso dejamos la evidencia de los que realizamos con las letras que escribimos. Evidencia de un proceso que ahora compartimos con aquel que las quiera experimentar.

La espiritualidad tiene que ser ejercitada, porque si no es únicamente un acto de vanidad. Que sólo logra alimentar el ego del auto engaño. Los rituales y ceremonias de las diferentes tradiciones nos dan los instrumentos necesarios para poner la espiritualidad en práctica.

Pero, según el tiempo progresa, las sociedad y culturas evolucionan, las practicas deben ser adaptadas a la realidad en que se vive. Contemplad, los rituales del pasado son oscuros. Dejad que los torcidos sean descartados; dejad que los buenos sean limpiados por el profeta; entonces el conocimiento será rectificado (Liber Al Cap. II: 5).

Eso fue lo que hicimos. Tomamos rituales y ceremonias de diferentes tradiciones y las adaptamos a nuestra realidad y necesidades.

En las letras, ceremonias y arte podemos encontrar la máxima expresión de la magia. Uno nos sirve para comunicar una idea, la otra para efectuar los trabajos mágicos. La ultima nos sirve para ilustrarla.

Una Insincera Apología

Estos son aquellos que 'se encierran en ellos mismos', quienes rehúsan su sangre a la Copa, aquellos que han pisoteado el Amor en su desenfreno por el auto engrandecimiento.
Aleister Crowley. Magia en Teoría y Práctica, Capitulo XXI

Durante el experimento de la S.O. visitamos (y en algunas ocasiones fuimos miembros) de las principales órdenes místicos esotéricas y fraternales del país. Nuestras principales razones eran:

1. Queríamos información de primera mano sobre sus métodos y operaciones ritualistas.
2. Teníamos curiosidad sobre esos lugares (si estos eran tan mágicos como se describían en los libros).

Nuestro gran problema es que éramos personas con gran curiosidad intelectual. Por lo cual, antes de visitar alguna de estas órdenes, estudiábamos el lugar. Lo cual se desbordaba en que en muchas ocasiones teníamos más información de la institución que sus mismos miembros. Así que, cuando visitábamos, le podíamos hacer preguntas informadas e inteligentes.

Lo cual no era muy bienvenido. Porque en muchas ocasiones les acorralábamos con preguntas difíciles. Aprendimos de golpe la triste realidad de las órdenes:

1. Los verdaderos masones/rosacruces/teósofos/etc. no se molestaban con las preguntas o el conocimiento que teníamos. Por el contrario, querían que nos uniéramos a su orden y hasta se ofrecían de servir como mentores.

2. Los falsos masones/rosacruces/teósofos/etc. nos odiaban con gran pasión. Hacían todo lo posible para impedir nuestro ingreso a la orden o exigían gran pleitesía a ellos como pre requisito de su aceptación.

Descubrimos que estos farsantes son la lacra que conforma la mayoría de la matrícula de las órdenes en la actualidad. Estos son los que hacen a las órdenes irrelevantes en esta época. Por lo cual, no debemos disculparnos cuando justamente retamos su psicótica mitomanía o los criticamos…

A.O.

2011

ENSAYOS

Alejandro Ortiz

Falta de Pertinencia de las Órdenes

Las órdenes místico esotéricas y fraternales ya no son pertinentes para el progreso espiritual del individuo. Mucho menos lo son para el avance de la humanidad.

El Prof. Gerardo Nieves, en algún momento mencionó, me siento más realizado espiritualmente completando un juego de video, que yendo a una orden. Elaborando que en el templo lo que encontraba era peleas y garatas. Además de una serie de reglas arbitrarias que se podían cambiar según el capricho del 'líder' del templo. Prefería el juego de video porque en este las reglas eran las mismas para todos, donde no se cambiaban porque a alguien le daba la gana y para poder completar un juego de video se requería perseverancia y disciplina. Se requería la aplicación de la lógica y el conocimiento que se desarrollaba de la experiencia.

Los templos, logias, lumisiales, etc. fueron una gran decepción. Por esto el Prof. Gerardo Nieves se mantenía lejos de las órdenes. Para el profesor las órdenes no son pertinentes a su satisfactoria y balanceada práctica espiritual.

Existen tres razones principales para esta falta de pertinencia. La primera razón es que todos los secretos de las órdenes han sido publicados.

Todas las enseñanzas, rituales, palabras secretas, etc. ya están disponibles para que cualquiera las pueda aprender y desarrollar. Más aun interminables tomos han sido escritos para explicar cuáles son los posibles significados de los mismos. Lo cual hace a la estructura de la orden redundante.

Además el alto nivel de educación, acceso a la tecnología y recursos materiales hace completamente accesible estos conocimientos a las masas. Por lo cual un individuo que verdaderamente está interesado en su progreso espiritual puede tomar todas las enseñanzas descifrarlas y aplicarlas. Y si tiene suficiente dedicación y habilidad las podrá maximizar y crear un nuevo conocimiento expandiendo la enseñanza.

Algo que sería muy difícil en las órdenes. Porque estas no están para el progreso y evolución del conocimiento, si no para la perpetuación de lo que es la información aprobada por un comité central. Que actúa como los perros guardianes de Feyerabend de lo que entienden deben proteger.

La segunda razón es que muchos de los mitos que se han creado alrededor de las órdenes han sido explicados o expuestos.
Por un lado los avances en la tecnología han logrado explicar muchos de los misterios de la humanidad. Lo que en siglos pasados parecía ser un remedio mágico o algo proveniente de los dioses o espíritus ahora se puede explicar por la ciencia. Mientras que un pensamiento escéptico a las experiencias místicas ha llevado a personas e instituciones a desmitificar las hazañas místico esotéricas.

Descubriendo que en muchas ocasiones todo era una fantasía. Lo cual se desborda en que sólo los más fanáticos o psicóticos (o ambos) son los que se aferran a las mismas. Estos mismos reclaman tener posesión o entendimiento (o ambos) de los secretos que, según estos, en algún momento existieron.

Sin embargo, ¿A cuántos adeptos se han visto levitar? o ¿A cuántos han visto poder convertir el plomo en oro? No en la privacidad de cuartos oscuros si no en el lugar donde los puedan escudriñar.

Estas son las fantasías de ilusos que creen los cuentos en los libros de hadas que leyeron en su niñez. Cuentos diseñados para mantener la imaginación activa. Y para establecer una meta imposible de cumplir. Así logrando que la persona que cree estar en el camino de la perfección espiritual se mantenga esclavizado a la orden.

Sólo evalúen, si esas grandes hazañas cuasi espirituales fueran ciertas, ¿Por qué no se pueden hacer en la actualidad? ¿Por qué todos los grandes maestros están en el pasado? Y ahora que estamos en una mejor posición para el desarrollo espiritual no se logran esas hazañas. Las órdenes le echan la culpa a la persona por no poderlo hacer. Utilizan frases como: No estás lo sufrientemente puro; No estás preparado; No tienes suficiente fe; o alguna frase como esta. Se transfiere la culpa del fracaso a la persona que no puede lograr una hazaña espiritual. Que muy probable nunca se pudo realizar en primer lugar.

Llegando a la tontería de reclamar que quienes no pueden llegar a hacer estas fantasías, es porque simplemente no son lo suficientemente dedicados, poderosos o merecedores. La falta de evidencia y transparencia logra que la orden pierda credibilidad.

La tercera, y principal, razón que las órdenes ya no sean pertinente es el grado de degeneración en el cual estas se encuentran. Esta degeneración se manifiesta en dos vertientes. La primera, a los actuales miembros de las órdenes nunca se le dio, se les ha olvidado o no desean compartir con las nuevas generaciones el conocimiento avanzado y secreto que su orden reclama poseer. La segunda, las órdenes han abandonado o desviado del propósito por el cual fueron establecidas o se les ha olvidado la razón por la cual existían.

En algún momento en la historia de las órdenes hubo una discontinuidad. No se completó el proceso de transferencia de los conocimientos y secretos de la orden (más allá de los más básicos para funcionar). En un ejercicio del poder, los conocimientos no se transfirieron, ya sea porque no se creía merecedor a la matricula, o simplemente no se quiso compartir, para así no permitirle al estudiante superar al maestro.

Pero se niegan aceptar la realidad de la ignorancia de su orden y muchos han asimilado la mentira que en grados superiores estará el conocimiento secreto (que nunca llega y tal vez nunca llegará). Lo cual tiene el efecto de que la mayoría de la matricula no conoce a cabalidad su organización.

Por lo cual los adeptos más hambrientos de las enseñanzas terminan realizando un ejercicio de ingeniera en reversa para poder descubrir cuáles son las enseñanzas ocultas. El problema es que el nivel de conocimiento y disciplina para poder realizar este ejercicio es monumental y muy pocos los tienen. Por lo cual muchos de esos 'iluminados' lo que hacen es alimentar las fantasías populistas para darle más importancia a las fantasías.

Tal vez por esto grandes adeptos (o traidores o rebeldes) de las órdenes se vieron motivados a publicar los 'secretos' para que otros los pudieran reconocer y reconstruir. Ya que reconocían la realidad que en las órdenes el conocimiento que lleva al crecimiento espiritual no es conocido por todos sus miembros.

Muchas de las órdenes se han ido reinventando en un intento de adaptarse a las realidades de un mundo cambiante. Así que unas órdenes que eran místico esotéricas terminan siendo entidades filantrópicas; otras ahora alquilan sus conocimientos por el internet.

Para el que busca crecimiento espiritual esto puede ser confuso. Ya que puede ser que su intención sea la de unirse a una orden místico esotérica y termine por unirse a un club social donde la bebida y la comida sean más importantes que el trabajo espiritual. Sin embargo nunca se cambió los reclamos institucionales de ser un lugar de espiritualidad.

Pero este tipo de anuncio engañoso es parte de la deshonestidad intelectual (que es el reflejo más patente de la degeneración de las órdenes). Este fenómeno tiene otro efecto, la asimilación de las peores conductas de la sociedad en que se enclavan las órdenes.

Ya las órdenes no son los ejemplos de lo que es una conducta altamente moral y ética. Por el contrario se convierten ejemplos micro de un gran macrocosmo. De tal forma que en una sociedad plagada por el crimen, la desfragmentación moral las órdenes son un reflejo maximizado de esos criminales y decadentes.

La diferencia, en la sociedad civilizada existen mecanismos para manejar efectivamente con los casos de corrupción, abuso de poder, alcoholismo, discrimen, etc. En las órdenes no existen tales mecanismos. Cuando existen están bajo el control de personas que prefieren encubrir los actos para proteger la imagen de la orden.

También la creencia en las fantasías termina justificando estos actos impropios. Enmarcándolos desde la perspectiva de ser una 'prueba' para la matricula o ser parte del 'desarrollo' de una persona o alguna otra tontería místico esotérica para justificar la no acción ante un acto que violenta los principios éticos, morales y espirituales de la orden.

Así las órdenes se convierten en centros de pestilencia más que en centros de la luz espiritual.

Para ser un hombre libre y de buenas costumbres; para ser un buscador sincero; o descubrir que no hay religión más alta que la verdad, no es necesaria la orden. Por el contrario estas verdades se descubren y se ponen en práctica a pesar de las órdenes.

Es por eso que se debe seguir el ejemplo de un místico como el Prof. Gerardo Nieves: se debe tomar lo mejor de las enseñanzas, aplicarlas a la vida personal y mantener un balance entre lo profano y lo sublime.

Para esto no se necesita a una orden.

Falta de Pertinencia de las Órdenes: Revisitado: ¿Para qué Sirven?

Otra razón porque las órdenes místico esotéricas y fraternales no son pertinentes es que hay toda una plétora de actividades más gratificantes que ser miembro de una orden. Gracias a los avances tecnológicos ahora el entretenimiento y el contacto con otros seres humanos es más simple de conseguir. Por lo cual la función de centro de entretenimiento y socialización de las órdenes se ha perdido.

Sin embargo todavía las órdenes tienen dos funciones:

1. Un ejemplo de lo que no se debe ser.
2. Un lugar para ser entretenidos y conocer personas

Las órdenes están llenas de ejemplos de lo que no se debe ser como persona. Se carece la simple decencia de ser una persona, en muchas ocasiones de calidad humana, mucho menos están los elementos necesarios para el crecimiento espiritual. Por lo cual las órdenes nos dan los ejemplos de lo que no debemos ser. Nos brinda ese importante espejo de lo que puede ser nuestra propia degeneración.

Sólo pregúntense, ¿Quiero ser como ellos?

Por otro lado, y mucho más positivo (aunque en menor grado por la baja calidad), aunque parezca que me estoy contradiciendo, es que las órdenes son grandes lugares para la camaradería. Son lugares donde se puede ir con la plena intensión de conocer a personas con cierta afinidad. Se pueden establecer buenas amistades y poder compartir socialmente.

Lo importante es que las personas tienen que tener esta realidad muy presente cuando ingresen a una orden. Deben tener sus expectativas bajas para así no ser decepcionados con la orden (que con el tiempo lo serán).

Los Doble Estándares

Todas las órdenes místico esotéricas y fraternales tienen doble estándares. Los cuales buscan justificar y permitir la conducta impropia de los líderes, iniciados y/o acólitos predilectos. Sin embargo leyes, reglamentos y otras expectativas sociales se aplican de la manera más estricta a los profanos a las posiciones de liderato y el mezquino amor de los líderes.

Lo interesante es que cuando una persona con sentido común los señala tienden a crear toda una serie de mecanismos de defensa (dignos del estudio de Freud), para la justificar de una conducta inapropiada.

Los más comunes son invocar la inviolabilidad del líder o decir que aún no se ha logrado el avanzado conocimiento dentro de la orden como para poder entender o transmutar la impresión que estos han causado. 'Si fuera un verdadero (inserte aquí el nombre de la orden) entonces no te molestarías'.

Dicho de otra forma, si una persona con sentido común se indigna con el comportamiento impropio de los líderes o iniciados de la orden, el que está mal es el que se indignó y no quien perpetró el comportamiento impropio.

Cuando usted puede identificar estos doble estándares abandone esa orden. No tenga miedo en rechazarlas, no importa lo que digan de usted. Porque esta orden se ha degenerado y sólo, si usted está dispuesto a sacrificar su dignidad y valores podrá progresar en ella. Lo único que en la dirección contraria de lo que la orden pretende lograr… la verdadera iniciación negra o la autorrealización negativa. Un verdadero adorador y sirviente de Satán.

Ejemplos de los dobles estándares que utilizan los líderes e iniciados a los profanos:

1. Los líderes e iniciados favoritos pueden reclamar poderes mágicos únicos a ellos y obtenidos a través de la orden a la que pertenece. Habilidades que se obtengan en otras órdenes son inválidas.

2. Se pide una alta moral y valores de los que quieren la iniciación, pero no de los líderes o altos iniciados.

3. Se le prohíbe a los candidatos el uso de alcohol, drogas, tabaco, carnes, etc. pero los líderes han o continua usando los mismos (aunque sea un secreto a voces).

4. Se le pide a los candidatos no haber incurrido en crimen. Pero el líder ha incurrido en la malversación de fondos, la falsificación de documentos, aceptar sobornos, homicidio, etc.

5. El líder puede quebrantar las leyes de la orden y no cumplir con lo prometido o la palabra empeñada con impunidad. Ya que ser líder lo convierte en inviolable o infalible.

Anuncios Engañosos

o las exigencias de lo prometido

Las órdenes místico estéricas y fraternales tienen grandes lemas para atraer a nuevos miembros a su matrícula. Estos van desde la simple promesa de camaradería pasando por la ayuda a la humanidad hasta la promesa de la develación de los grandes misterios del universo.

Estos lemas se convierten en los mecanismos de promoción de la orden. Son los anuncios que se mercadean para obtener nuevos miembros; o por lo menos hacerle creer a la comunidad cuales son los motivos de la existencia de dicha orden. En efecto, estableciendo una expectativa en la comunidad sobre lo que la orden es y lo que se puede esperar cuando la persona ingresa a la misma.

El problema recurrente con las órdenes es el hecho que muchas de estas no pueden levantarse a los estándares que han establecidos por sus mecanismos de mercadeo. Lo peor es que en muchas de estas órdenes los líderes, y quienes diseñan las campañas de mercadeo, saben que no podrán llegar a esos estándares.

Estos saben que están mintiendo y creando una falsa expectativa a los posibles nuevos miembros.

Luego que la persona ha ingresado a la orden, es que se da cuenta que esta no es lo que se le prometió. Por lo general sucede una de tres cosas: la persona deja la orden, se adapta a la realidad o exige lo que se le prometió.

Las personas que dejan la orden no son un verdadero problema para los líderes de las mismas. Porque estos simplemente serán etiquetados como *inmerecedores* de las glorias que se esconden en la orden o simplemente no dieron el grado necesario para ser parte de la misma.

Quienes se adaptan a la realidad de la orden tampoco les crean algún problema a los líderes de la orden. Estos serán asimilados en el sistema y terminarán por defender la mentira que se le dio y ayudaran a propagarla.

Los que si representan un problema para la orden, y sus líderes, son los que exigen lo que se le prometió. Los que no dejan la orden porque buscan eso que en los lemas del mercadeo estaban explícitamente expresados. Los que simplemente no aceptan las mentiras como pago y no han de simplemente dejar la orden.

Generalmente estos son un problema porque son personas dedicadas y/o educadas/inteligentes. Los cuales tienen una gran potencial dentro de las órdenes, pero simplemente al no asimilarse y exigir de los lideres lo que se le prometió, (y si somos sinceros compraron con las cuotas de membresía), los ponen en aprietos. Así que generalmente a estos se les hace la vida imposible dentro de las órdenes.

Más aún se les exige que para ser miembros de la orden tienen que suspender sus exigencias. Y se argumenta que estos no están preparados y que sus exigencias son irracionales. Por lo cual lo único que están haciendo es daño a la orden.

Lo que estas personas deberían hacer es dejar las órdenes. Porque una orden que miente para obtener una matrícula (y el dinero que esta trae) no merece ni un segundo del tiempo (o un centavo) de las personas que buscan lo que estos antros mienten en su afán de su perpetuación.

El buscador sincero lo que debe hacer es tomar su tiempo y recursos e ir al lugar donde se realice el trabajo espiritual que se reclama hacer. Cualquier otra cosa es perder el tiempo… como es perder el tiempo el ir a la mayoría de las órdenes místico esotéricas y fraternales de la actualidad.

La Locura en las Órdenes Esotéricas

En la población del Puerto Rico de principios del segundo milenio la prevalencia de condiciones de salud mental y desórdenes emocionales está en un 35 por ciento. Este porcentaje es uno que incluye, no sólo los desórdenes mentales y emocionales (propiamente dichos), sino también las adicciones a sustancias legales e ilegales. Lo que no incluye en este porcentaje son las personas que no han sido diagnosticadas.

Sin hacer mucha gimnasia estadística podríamos decir que por lo menos un 35% de la matrícula de las órdenes místico esotéricas y fraternales (en adelante las Órdenes) tendrán una pobre de salud mental.

Sin embrago en la práctica esto es diferente. Ya que en las órdenes el porcentaje de personas con problemas de salud mental tiene el potencial de ser mayor. Esto se debe a que estas organizaciones tienen una estructura que atrae y fomenta un comportamiento atípico.

Esto se debe a que las órdenes tienen dogmas y rituales que sirven para alentar un pensamiento mágico desasociado a lo que es la realidad materialista. La realidad es, por más que se argumente, una silla será una silla más allá de las creencias e interpretaciones de la personas. Una silla no deja de ser una silla simplemente porque meditemos en ella o sobre ella o le hagamos pases de energías o porque el Dalai Lama se siente en ella.

En las órdenes es todo lo contrario. Lo cual crea un ideario de *inpermanencia* y mutabilidad. Lo cual desconcertaría hasta las personas con un funcionamiento dentro de lo normal o que experimente emociones estables. Sin embargo, esto logra atraer a personas que están desajustadas mental o emocionalmente.

Estos dos elementos les permite exhibir sin condena o estigma sus 'excentricismos'. Más aun, podrían pasar como normales. Lo agravante es que estos elementos tienen el potencial de exacerba los síntomas de una persona enferma mental o emocionalmente. Ya que en las órdenes escuchar voces no es un síntoma de una esquizofrenia, sino es la comunicación con un mundo alterno. Al cual sólo los seres especiales tienen acceso..

En una orden sí importa que una persona como el Dalia Lama se siente en la silla. Ahora esa será una silla especial la cual está impregnada con las energías místicas del Dalái Lama. O los 'pases de energías' infunden a la silla con más energía y por eso es una silla especial (al igual que la persona que hizo los 'pases de energía'). O que meditemos en/sobre ella es suficiente para la realidad de la silla pueda ser cambiada.

Todas estas masturbaciones mentales son las que avivan la flama de las personas desajustadas mental o emocionalmente. Estas sirven como faro en la noche para atraerlos a las órdenes. Es una triste realidad que son estos los que nutren las órdenes y están interesados en sus conocimientos.

Hay una serie de arquetipos que se pueden utilizar para ilustrar a los desajustados que plagan las órdenes. Estos tienden a ilustrar como la locura en las órdenes llega a ellas y se manifiesta.

Se debe aclarar que existe esa minoría en las órdenes esotéricas que verdaderamente están buscando de lo espiritual. Quienes utilizan las órdenes como un instrumento de mejorarse y servir a la humanidad. Pero, estos especímenes son muy raros. Son esas personas que verdaderamente viven por los parámetros que la orden les ha dado y buscan el ideario de la excelencia dentro de la orden.

Generalmente estos son los personajes humildes y callados, que en algún momento tuvieron alguna posición de liderato, la cual asumieron porque era su deber. Sin embargo ya no están interesados en dirigir. Porque están muy ocupados trabajando su espiritualidad como para estar llenando formularios administrativos, llevando minutas o escuchando chismes. Este es el arquetipo del Buscador Sincero.

El primer arquetipo que ilustra la locura es lo que Carl Jung ha llamado el Mitómano. Esta persona está buscando reconocimiento por alguna habilidad o profundo conocimiento místico/esotérico. Lo cual es completamente inservible en el mundo real ya que no tiene verdadera importancia o validez. Así que las personas se unen a las órdenes donde ese conocimiento y/o habilidad inservible le será de 'utilidad'.

Pero la realidad es que lo buscado es la alabanza y admiración. Que las personas que están a su alrededor los reconozcan como 'lideres' o 'iluminados'. El mitómano se convierte en "Doctor de

Energías" o "Maestro en Cristales", sin embargo no tienen la capacidad de ingresar a una institución de educación superior y completar un título académico. Se auto identifican como "Experto en Símbolos", sin embargo no tienen la capacidad de poder presentar algún tema dentro de algún área profesional. También se incluye a los han fracasado en sus vidas personales y negocios, sin embargo creen poder dirigir la orden.

En la práctica un mitómano podría tener rasgos de personalidad narcisista, de histriónico, con un poco de megalomanía. Sin embargo, son lo suficientemente funcionales como para poder pasar desapercibidos y no tener un diagnóstico . Existe toda una plétora de elementos determinables mediante los cuales se pueden identificar las diferentes variaciones de un mitómano. Estos quieren ser líderes dentro de la orden. Utilizan alguna variación de las frases, "vengo a servir a la orden", "lo que sea por la orden" o "yo no soy importante, la orden sí", etc. Pero todo es una falsa humildad e intensión. Ya que su meta final es que sean elevados a posiciones de prominencia.

Otra característica es que ellos entienden que lo puede hacer mejor y por sus acciones la orden será mejorada. También el mitómano entiende que tiene una compresión mayor de los conceptos de la orden. Cuya comprensión y análisis es superior a la de los demás miembros. Todo en busca de la adulación por su conocimiento místico esotérico.

Es importante destacar que generalmente en su mente el mitómano cree que está en la categoría del Buscador Sincero. Sin embargo esto es tan sólo un mecanismo de auto engaño. Ya que el mitómano jamás se da cuenta que lo es.

El segundo arquetipo se centra el concepto que desarrolla por Víctor Frankl, el Vacío Existencial. Es este fenómeno en el cual una persona no encuentra un significado o propósito a su vida. Donde las actividades de la sobrevivencia del diario vivir no logran llenar las expectativas o dar un motivo o razón para vivir.

El Vacío Existencial lleva a las personas a unirse a sus órdenes para dar un propósito a sus vidas. Sin la orden su vida estaría incompleta. Sin ella un gran pedazo de su vida estaría vacío. El servicio a la orden les da propósito a su vida; o el servicio de la orden le da propósito a la de ellos. Por otro lado hay personas que han invertido tanto tiempo y recursos que no estar o controlar la orden les dejaría sin la inversión emocional que ellos han hecho.

Pero el Vacío Existencial de los que se unen a las órdenes ocurre en las personas que han logrado algo en su vida. Los que han logrado suplir los escalones básicos de la Jerarquía de Necesidades de Maslow, y ahora necesitan llenar su espiritualidad. Pero existe una explicación más perversa. El sentimiento de culpa.

Es un paradigma en la sociedad occidental que ser una persona de éxito material es un pecado casi imperdonable. El cual puede ser subsanado con la destrucción del capital que la persona ha logrado acumular con sus esfuerzos y por sus habilidades. Pero el pecado sólo se limpia si la persona ha laborado por lo que tiene. Porque si lo ha robado (aunque sea igualmente aceptado) ya no es igual de virtuoso cuando sea repartido entre aquellos que no han logrado acumular alguna riqueza material.

Así al unirse a alguna orden lo que se está haciendo es eligiendo la institución que le ayudará a deshacerse del pecado de ser una persona de éxito en el mundo material. De tal forma cada vez que se meta la mano en el bolsillo para contribuir con sus hermanos, hermanas o alguna 'justa' causa este estará subsanando su sentimiento de culpa.

El tercer arquetipo son las personas dadas a las ideas de pensamiento mágico. Los cuales reclaman tener grandes poderes místicos. Dicen poder entrar a los registros *akashicos*, pueden salir en astral o leer el aura. Una persona como esta seria encerrado en un hospital psiquiátrico por tener alucinaciones, medicado y dejado en libertad únicamente bajo la condición de mantener su tratamiento. Lo cual reclamarían es un intento de cuartar sus talentos místicos.

Por otro lado ellos reclaman tener acceso a conocimientos místicos u ocultos. Sin embargo, sólo él y sus discípulos u otros grandes iniciados (que será él quien los reconozca) tiene acceso a esos antiguos libros. Sin embargo no pueden presentar evidencia concreta de lo que dicen tener. Pero en una orden puede convertirse en maestro o gurú.

Finalmente, el cuarto no es un arquetipo, sino que hay personas que se unen a las órdenes porque simplemente están locos. Hay personas que sencillamente tienen una condición de salud mental o emocional y se refugian en las órdenes. No hay explicación más allá de que claramente su cerebro no funciona de manera correcta o ha sufrido algún trauma emocional o físico que no le permite un funcionamiento óptimo en sociedad.

En la actualidad las órdenes han caído en un círculo vicioso. La falta de pertinencia de las órdenes a la vida moderna y la facilidad con que se puede obtener el conocimiento místico-esotérico ha mermado su matrícula. Ya las personas no se acercan a las órdenes como en otros momentos. Así que el lujo de poder discernir quien será un buen candidato y miembro de la orden no se puede hacer con tanta rigurosidad como en antaño. Ahora prácticamente cualquier persona que desee unirse a las órdenes lo puede hacer.

La necesidad de llenar una cuota de membresía que pague un arancel por pertenecer es más importante que mantener la pureza de la orden. De mantener a personas mental o emocionalmente desajustadas fuera de la orden. Lo cual no es condenable, la energía eléctrica o la renta no se paga con buenos pensamientos o conocimiento oculto.

Este círculo vicioso uno que permite que personas desajustadas eventualmente toman puestos de liderato o se vuelven miembros distinguidos de las órdenes. Con el poder que obtienen logran desprestigiar a las órdenes a las que pertenecen. Además de perpetuar la locura en las órdenes.

Tal vez es por eso que el estereotipo existe, que las órdenes místico-esotéricas y fraternales son de locos. Porque la realidad es que se le ha permitido a los locos ingresar, ascender y controlar las órdenes. En efecto las órdenes místico-esotéricas son un sitio de locos y para locos.

De las Loqueras que me Enseñaron

Una memoria de sus enseñanzas y fantasías de una Primera Cámara
en el *Lumisial* Gnóstico

El gnosticismo latinoamericano, el iniciado por Víctor Gómez
alias Samael Aun Weor, es una religión, u orden esotérica o escuela
mística, etc. para personas ignorantes, con poca escolaridad y/o
fanáticas.

Estas 3 características son activamente exaltadas en sus
miembros, buscadas en los posibles nuevos miembros e inculcadas en
los posibles candidatos a iniciación a la Segunda Cámara. En la gnosis
se alienta a una lealtad incuestionada de sus miembros y a no mejorar
profesional, académica o intelectualmente.

En la gnosis el fanatismo es desarrollado en su matrícula usando
el Condicionamiento Operante. Donde se explota cualquier defecto
psicológico que tenga la persona, con el apoyo de un grupo y la
aprobación/rechazo de un líder. El ser fanático no es malo en sí. Ya
que se puede ser fanático de un artista o equipo, del café o el
chocolate. Es cuando se pierde la razón por el café o el chocolate que
cosas malas suceden.

Lo cual está muy relacionado con la ignorancia y baja escolaridad
fomentada en la gnosis. Ya que una persona con alta educación y
escolaridad, tiende a ser una persona que mira con escepticismo y
racionalidad a las ideas que se presentan. Además de buscar
información que cumplimente, corrobore o deniegue las ideas que se
le está dando.

Las incidencias de fanatismo extremo (en este caso religioso) que se requiere para ser gnóstico se neutraliza con la educación y el acceso a la información. Lo cual es desalentado y condenado por los líderes de la gnosis. Esto se podría explicar por el alto nivel de deshonestidad intelectual que hay en la gnosis. Ya que en ella no hay ninguna idea original (tal vez la idea del *supremasismo* espiritual latinoamericano) todos los conocimiento gnósticos son tomados de otras órdenes estéricas, religiones antiguas y modernas y de místicos y filósofos de todas partes del mundo.

Tal vez por eso a Víctor Gómez se le otorgo el epíteto del Gran Copista… yo, añadiría el Gran Traductor.

En un aspecto positivo Víctor Gómez tomo todo a lo que tuvo acceso en la masonería, rosacrucismo, teosofía, Krumm-Heller, etc. y lo tradujo al español. Claro, luego fue que comenzó a prestarlo como si fuera suyo gracias a la inspiración de la Luz Universal. El reclama haber estado despierto espiritualmente desde muy pequeño.

Esta deshonestidad intelectual es justificada desde la perspectiva que reclama a Víctor Gómez como quien había rescatado y rectificado el conocimiento oculto. Este había tomado las enseñanzas de todas las órdenes a las que perteneció, de todos los libros que leyó, de todas las tradiciones folclóricas que aprendió y las renovó en conformidad con los deseos de la Ley universal.

Al hacer esto le estaba haciendo un favor a la humanidad. No solo Víctor Gómez había rectificado y renovado la Conocimiento, si no que se hizo cargo de la institución indicada para transmitir y guiar al pueblo gnóstico al verdadero conocimiento.

Luego paso a declarar a todas esas órdenes, místicos y filósofos como degenerados. A las tradiciones como incompletas. Que habían perdido el contacto con la Ley Universal. Los proclamo como unos Magos Negros o la Venerable Logia Negra.

Al ponerle ese anuncio a esas entidades, a las que no se debía pertenecer y a los místicos y filósofo que no se debía estudiar. Porque sus prácticas estaban corrompidas y el conocimiento incompleto. Por lo cual no eran un verdadero vehículo para lograr la salvación o la iluminación. Y cual quiera que no estuviera de acuerdo con esto, porque es un criminal contra el progreso espiritual de la humanidad. Quien la quiere mantener ignorante... dormida… y porque es un Mago Negro.

Uno de los dogmas y (y practicas) básicos y secretos y que es machaco a la saciedad en la gnosis es la alquimia sexual. Según los gnósticos esta es la única forma de lograr la autorrealización, iluminación, etc. San Juan de la Cruz y Santa Teresa de Ávila fueron grandes iniciados, pero como no practicaron la alquimia sexual no lograron mucho.

Siddhartha y Krishna tenían muchas esposas, Cristo tenía a María Magdalena para practicar el Alcano AZF. Según la gnosis todos los místicos y líderes espirituales la han practicado. Es por este Alcano que han logrado sus poderes y trascendencia espiritual. Lo cual se refleja en que los magos desarrollen grandes poderes místicos.

Los gnósticos también afirman que los más poderosos magos blancos (Merlín, Alberto Magno, Paracelso, etc.) y los magos negros (Morgana, Papus, Crowley, etc.) de la historia real y fantasiosa, que han logrado desarrollar un alto nivel de desarrollo espiritual lo han hecho a través de la alquimia sexual.

Lo cual es muy raro que se logre en la actualidad, pero fue muy común en la antigüedad.

Uno de los grandes postulados de la gnosis, como institución heredera de ellos, es que en la antigüedad cercana órdenes como los masones, rosacruces y templarios tuvieron acceso a estos grandes secretos del arcano AZF. Pero en algún momento se degeneraron y los perdieron. Por lo cual ya no eran una verdadera escuela de misterios. Solo una organización de la Venerable Logia Negra.

Igualmente, los más grandes adeptos a los misterios fueron los acólitos de las escuela de misteriosos y monasterios. Ejemplo de esto lo fue Jesús quien luego de aprender de las escuelas de misterios en Egipto, viajo los grandes monasterios de Tíbet. Los monjes el Tíbet fueron la máxima expresión de lo que se podía lograr si se aplicaban a los misterios. Marco Polo y los Templarios fueron expuestos a estos misterios, y hasta los trajeron al accidente. Ya que lo griegos, herederos de los Atlantes y Ritos Eleusinos los habían perdido.

Pero lo tibetanos también se degeneraron y perdieron acceso a los misterios. Llegando al punto que se suprimió la alquimia sexual. Se limitó el acceso a ese conocimiento y separaron a las monjas de los monjes.

En ese momento, en que se pierde el acceso a los misterios y se deja de practicar la alquimia sexual, el Tíbet se convierte en cuna de magos negros… y eventualmente es invadida por la China, su máximo líder espiritual sobre el exilio, sus monjes y monjas obligados a fornicar en público, todo como castigo cósmico.

La ley cósmica castiga. Como castigo a la Atlántida por su degeneración sexual. La Lemuria fue destruida por su experimentación sexual. Ellos no solo entraron en la fornica y desperdicio de la energía sexual y las abominables prácticas de la homosexualidad. Sino que también utilizaron el esperma sagrado para hacer fertilización cruzada con animales. Así que el ser humano con desciende del mono, los monos son seres humanos de-evolucionados.

Más aun, por su experimentación sexual, la Ley Cósmica, castigo a los Lémures en sus próximas re encarnaciones. Ahora ellos tendrían la piel pintada de negro. Para que todos los reconocieran como los magos negros que fueron en vidas pasados… y por eso en África (y en Haití también) hay tanto sufrimiento.

Ese es el castigo para todo mago negro. Todo aquel que voluntariamente y con conocimiento fornique, llegue al orgasmo es un mago negro.

Según esta psicosis, no hay organización que mejor represente a la Venerable Logia Negra como la Iglesia Católica Apostólica de Roma. De entrada, acusan a la iglesia católica de perseguir a los gnósticos. De obligarlos a esconderse y temer por sus vidas, gracias a sus elevadas creencias y practicas espirituales. Pero no hay razón más noble por la cual darle el epíteto de Venerable Logia Negra que su activa supresión del arcano AZF en clero y la feligresía.

Mientras que en los grandes conclaves y los monasterios ocultos, los más altos dirigentes practican el arcano en secreto.

Más que a los masones o *iluminati*, La gnosis reconoce a la iglesia católica como la más poderos entidad de la Venerable logia negra. Donde practican uno de los rituales más antiguos y poderosos: invocar la presencia de un dios y lograr que se materialice entre los celebrantes. Practicas heredadas o hurtadas de las tradiciones de las escuelas de misterio egipcias, los ritos Eleusinos de Grecia, monasterios tántrico tibetanos, de los caldeos, esenios, cabalistas, gnósticos…

Sin embargo no el clero o la feligresía entienden lo que están haciendo. Peor, muchos están sucios espiritualmente con prácticas aberradas y fornicaciones sexuales. Que no les permiten entender las enseñanzas o progresar espiritualmente. Un gran engaño para mantener en la oscuridad espiritual a las masas, al pueblo gnóstico….

La Marca de la Venerable Logia Negra… y el que no crea esto es porque es un mago negro.

En la gnosis hay demasiadas creencias psicóticas… de ovnis, de *supremasismo* racial y espiritual, de mundos alternos y paralelos. Solo hay que ver la lista de reencarnaciones que los gnósticos reclaman para sí. O cuáles son sus rangos dentro de la ley cósmica o cuales son los logos que se manifiestan a través de ellos cuando la Ley Cósmica los inicia como Venerables Maestros de la Gran Logia Blanca…. y otras tantas locuras como esas…

¿Qué es el Arcano AZF?

- Alquimia Sexual. Sexo Tántrico. Se aprende en el Jardín del Edén. La caída del Jardín del Edén Ocurre cuando Eva induce a Adán a eyacular.
- La Transmutación de la energía sexual que se genera durante el acto sexual es solo la del Hombre/Mujer y Pene/Vagina.
- El hombre da, la mujer recibe. Hombre activo, mujer pasiva. En todo aspecto de la vida.
- No se puede llegar al orgasmo.
- Recalcando, solo el sexo pene/vagina tiene el potencial de generar energía transmutable en energía espiritual.
- Se tiene que purificar el cuerpo y la mente antes de incurrir en el acto sexual.
- El mejor momento es a las 3am.
- Un mantra recomendado es el HamSa. Tanto para las prácticas de soltero como las de casados.
- Se recomienda celibato para los solteros. Monogamia para los casados que han sido consagrados por un sacerdote gnóstico. Pero se pueden tener múltiples parejas cuando no haya suficientes parejas para todos.
- Un gnóstico se tiene que casar con otro gnóstico.
- ¡El Orgasmo es MALO!

La Conveniencia de la Privación
Inspirado por Alfredo, Luis y José

Estudio de Caso

Caso #1: Pseudo místico de 41 años, reside en una choza en el patio de la casa del esposo de su hermana, sin auto, teléfono móvil u amistades significativas. Dice que tiene altos grados en la Aurora Dorada y ser un gran adepto de las artes mágicas.

Caso #2: Supuesto mago blanco, casado con tres hijos, llama residencia al sótano de la casa de sus padres, sin auto propio, logró su profesión y trabajo gracias a un ex amigo. Reclama tener grandes poderes como mago y guerrero por ser un gran iniciado del Sendero y los Hermanos de la Luz.

Caso #3: Reclama haber desarrollado grandes poderes psíquicos gracias a los estudios rosacruces. Siempre está en problemas en la barriada donde vive, protesta por no gustarle donde ha conseguido un pequeño apartamento subsidiado por el gobierno. Constantemente le timan y no puede mantener relaciones significativas.

Nexo común: Todos critican a los místicos que han logrado títulos académicos o han triunfado en sus negocios. En los tres casos los sujetos de estudio indican "que un verdadero místico no gasta tanto tiempo en la persecución de cosas materiales" y los acusan de ser "materialistas".

Pregunta de estudio: Si estos especímenes tuvieran verdaderos poderes místicos, mágicos o espirituales, ¿Su calidad de vida no sería mejor?

En la mayoría de las escuelas místico-esotéricas se promulga la austeridad material como medio de lograr una meta místico-espiritual. Meta que está siempre ligada a la filosofía, por no decir dogma institucional, de la escuela mística que la promulga.

En lugares como el oriente, donde existe una gran densidad poblacional vis a vis limitados recursos naturales, es lógico que se utilice a las religiones, y las escuelas místico-esotéricas que se derivan de estas, para controlar el consumo de las masas de seres humanos que allí residen. Bajo el espectro de la amenaza de los desastres colectivos que le causaría a un gobierno el no poder proveer las necesidades básicas (como el agua, alimenticio y abrigo), se abraza la conveniencia de la privación. Donde es conveniente que se le haga creer a los súbditos que han de expiar el karma u obtener la iluminación o paraíso mediante la privación física (o postulados que vayan en esta línea).

Estos postulados que predican la privación y sacrificio personal como medio de espiritualidad, se transportan dentro de las creencias de las principales religiones del mundo. Sin importar el título que se le otorgue al dogma religioso, se pueden identificar postulados en común que buscan esta finalidad.

Si continuamos buscando podremos encontrar que los movimientos religiosos responden a las preferencias personales de ciertos individuos. Lo cual se traduce en que ese personaje de cierta fama o notoriedad introducirá lo que es el dogma en la conjunción histórica. Un ejemplo aplicado a la realidad occidental es Constantino. Quien en un momento clave en la historia adoptó la religión que le convenía en ese momento. Pero no sólo la adoptó como un miembro de la grey, sino que logró influenciar el dogma de la misma. Así influenciado a las masas que reclamaban ese dogma como suyo. El poder siempre da la razón.

Las acciones de Constantino, que puestas en un contexto socio-histórico son motivadas por la conveniencia política, introducen los dogmas de privación y sacrificio en la conciencia popular del mundo occidental. Aun así, las escuelas místicas no estaban lo suficientemente influenciadas por este dogma como para predicar la auto castración. Sin embargo cuando se revisan los textos de la época se pueden comenzar a identificar un cambio en el lenguaje. Se cambia de la "disciplina" a la "dedicación", del obtener el "conocimiento" a obtener la "fe".

Durante los 1800 se llega al pico de la invasión de los dogmas de privación y sacrificio a las escuelas místicas occidentales. Lo cual ha influenciado hasta el presente las escuelas místicas. Y probablemente continuará limitando el progreso del místico moderno. Varios factores facilitaron este proceso. Personajes como Sir Richard

Burton, quien traía historias y conocimientos fantásticos del oriente, engrasó los engranes para la aceptación de una cultura foránea a la occidental.

Tal vez más importante en este proceso de adopción cultural fue la política imperialista de los estados europeos. La cual permitió una comunicación continua con las culturas orientales. En una época donde el viaje y comunicación global no eran comunes, la adopción de aspectos culturales orientales se estableció como una moda para los aristócratas europeos.

En este fenómeno de transformación cultural de las escuelas místico esotéricas entra Blavatsky. Quien gracias a su acomodada posición económica y contactos por su estatus dentro de la aristocracia, logra el viajar por el oriente. Estudiando, asimilando y sincretizando 'nuevos' paradigmas para los místicos occidentales. Blavatsky logra implantar los valores de privación y sacrificio en las escuelas místico esotéricas. Poniendo muy de moda un leguaje extraño al occidental que le daba fama y/o notoriedad al que lo lograra dominar.

Así como Blavatsky en los 1800 logra poner en moda un dogma de abnegación y sacrificio, en la actualidad figuras públicas logran poner en moda sus nuevos pasatiempos. Personajes como Madonna con el yoga, meditación y cábala, Richard Gere con su budismo y Tom Cruise con la *Cienciologia* son los ejemplos más evidentes de este fenómeno en la actualidad.

Estos han puesto en la palestra pública toda una serie de filosofías religiosas y místicas. Estos le dan fama a ellas y toda una camada de timadores se dan a la tarea de explotar la imaginación del público. Para así lograr crear ganancias de las personas que se creen las fantasías místicas o simplemente quieren ser como sus ídolos de la música y el cine.

Existe todo un lado oscuro, negativo, perjudicial de la comercialización de estas religiones e ideas místicas. Donde se utiliza la privación de manera muy conveniente. Ahora si quieres ser uno de los escogidos tienes que pagar una cuota de membresía. Tienes que comprar el DVD o libro más reciente, tienes que ir a la conferencia o convención anual. De no hacerlo entonces no tienes un verdadero compromiso con la filosofía de tus ídolos.

¿Qué pasa con las responsabilidades de pagar la hipoteca, las tarjetas de crédito o la alimentación de los hijos? Eso pasa a un segundo plano. Porque ese sacrificio que se está haciendo no es importante, los ideales místicos son más importantes. Además, con el tiempo se recibirá recompensa por ese sacrificio que se hace en el aquí y ahora. Que importa si las ganancias se reciben en el mítico y efímero mundo que se descubre después de la muerte.

La privación es una gran conveniencia para los líderes de estas religiones y escuelas místicas. Los líderes se benefician de tener excusas para obtener una serie de beneficios de sus afiliados. El líder predica que sus adeptos tienen que liberarse de sus bienes materiales. Mientras que en su magnanimidad el líder tendrá los medios necesarias para poder deshacerse de esa carga material. De tal forma que los bienes materiales terminan en la cuenta de banco del líder o de la institución. En los proyectos que el líder o la institución entienda que esos bienes materiales mejor pueden beneficiales al líder o la institución.

En lo que son nuestros estudios de casos, la conveniencia de privación se convierte en una excusa para no trabajar o esforzarse para mejorar la calidad de vida de ellos y de los desgraciados que le ha tocado ser su familia. Así pueden justificar el vivir de sus padres o esperar que el gobierno le provea alimento, salud y cobijo. Se puede justificar las actitudes mal adaptativas de las personas, ya que únicamente son excentricidades de una persona que está en contacto con una vida espiritual.

Lo mejor es que la envidia y rencor que se siente contra aquellos que tienen una vida plena y balanceada entre lo espiritual y lo material puede ser justificada. Ahora no es un error el condenar a las personas que tienen bienes materiales. Ahora hasta robarle a personas que tienen bienes materiales es justificable. Esta apropiación de los bienes de otros es tan sólo una ayuda que se les está prestando a esas personas que están atrapadas por lo material.

¡Esta noción de la necesidad de privación para lograr una espiritualidad tiene que ser rechazada!

Esta necesidad de privación y sacrificio tiene una perversa aplicación en el mundo del místico moderno. Principalmente para el débil y fracasado que se refugia en las órdenes y grupos místico o esotérico. Generalmente estos especímenes lo único que tienen como cualidad redentora es ser miembro, muchos por años o décadas, de una organización.

Es en las escuelas místico o esotéricas donde se alienta una tosca abnegación, que ciegamente imita los postulados esclavistas de las religiones profanas. Cuya única finalidad es la de obviar la libertad espiritual. No se busca que la persona logre un avance espiritual, lo que busca es la propia perpetuación. Al mantener a sus miembros esclavizados mentalmente a los postulados de privación que sólo le conviene a ellos y a la institución.

Para ser una persona espiritual o un gran místico no se tiene que recurrir a la privación. Por el contrario, la opulencia de lo material es parte del balance necesario para poder perseguir una meta espiritual. No hay nada más espiritual que el poder proveer a tu familia. Eso requiere que sacrifiques tiempo de una vida espiritual para poder producir y darle alimento, cobijo y salud a tu familia. Ese es el sacrificio más espiritual que pueda existir.

El que se pueda balancear la vida entre familia y trabajo es prueba de una persona verdaderamente dedicada a lo místico. Porque la espiritualidad no se limita a las horas en que estamos leyendo textos esotéricos o meditando. La mayor iniciación es una vida justamente vivida.

Un místico viviendo en una choza en la casa del esposo de su hermana no es una persona espiritual. Una persona que espera que el gobierno le mantenga para hacer un trabajo espiritual no es una persona espiritual. Aquel que no puede proveer un techo seguro a su familia y vive de sus padres, no es una persona espiritual. Todos son charlatanes, fracasados y envidiosos de las personas que tienen un balance saludable en sus vidas.

Estos casos de estudio son el mejor ejemplo de lo peor que produce el pensamiento mágico de las religiones e instituciones místicas.

De Imposturas Intelectuales

Las órdenes esotéricas son lugares idóneos para las imposturas intelectuales. Estas se nutren de personas supersticiosas y en su mayoría con una baja o escaza escolaridad. Donde las personas de verdadero intelecto y alta instrucción son una rareza. Así que cualquier timador que tenga acceso al internet y tiempo para leer en Wikipedia, buscar el Google o ver videos en YouTube de temas inservibles en el mundo real, puede dar la impresión de ser una persona educada y culta en las órdenes esotéricas.

En el capítulo *La Locura en las Órdenes Esotéricas*, mencioné, someramente, sobre las imposturas intelectuales que se encuentran en las órdenes esotéricas,

> El mitómano se convierte en "Doctor de Energías" o "Maestro en Cristales", sin embargo no tiene la capacidad de ingresar a una institución de educación superior y completar un título académico. Se auto identifica como "Experto en Símbolos", sin embargo no tiene la capacidad de poder presentar algún tema dentro de algún área profesional.

Estas imposturas intelectuales se fundamentan en un afán de buscar la legitimidad. Así que toman títulos que no son de sus "campos de la imaginación" con la intensión de engañar a las personas que están a su alrededor. Ya que piensan que al utilizar una terminología del mundo real han de darle credibilidad a sus tonterías esotéricas.

En el mudo de lo real este fenómeno también se ha experimentado. En Imposturas Intelectuales Sokal y Bricmont critican el relativismo postmoderno. Entre los argumentos que hacen es la desmantelarían de los escritos de Lacan cuando trataba de utilizar términos que no eran de su campo del saber para darle validez

En el mundo imaginario de las órdenes esotéricas las imposturas intelectuales son más que evidente en sus dogmas y prácticas. Pero, en las órdenes esotéricas se personaliza la impostura intelectual. Donde es la persona quien es el objeto del engaño.

A manera de ejemplo hipotético para ilustrar como la búsqueda de la legitimidad lleva a la impostura intelectual.

Un miembro de una orden esotérica reclama tener conocimiento extenso en descifrar los ritos y símbolos de su orden esotéricas. Dice tener acceso a tomos sagrados que más nadie tiene. El cual le ha dado un gran conocimiento.

Es más que obvio que no hay forma de verificar la validadas de sus reclamaos, ya que se necesitar otro "experto" que lo refute con otra biblioteca secreta.

Lo interesante es que no tiene ningún tipo de título universitario en alguna de las materias académicamente serias que se podrían aplicar a sus fantasías. Como criptografía, leguajes antiguos o modernos o hasta se podría considerar historia del arte.

En su progresión en el mundo de lo imaginario dice que la geometría sagrada es la clave para continuar entendido los símbolos.

Por lo cual ira a la universidad a estudiar matemáticas. Claro que ofusca el hecho que su madre es la directora del departamento al cual solicitó admisión, la Facultad de Pedagogía.

Desde su primer semestre se presenta como matemático. Lo interesante es que no es un matemático, es un maestro de matemáticas a nivel elemental. Su título universitario es en pedagogía no en matemáticas.

A pesar de esto utiliza el lenguaje como forma de presentar una falsa intelectualidad. Ya que con personas que no son del área de la educación en matemáticas utiliza términos en el extremo técnicos para sonar más inteligente.

Su más reciente impostura es la de reclamar para sí el título de profesor. Prima facie, está dando clases en el departamento que su madre dirige. Está dando clases a nivel sub graduado en lo que completa una Maestría en Pedagogía.

Este personaje, evita a personas que también dan clases en la universidad. Ya que estos lo pueden delatar cuál es su realidad. En el mundo académico el título de Profesor se reserva para aquellos que han logrado la cátedra. Lo cual se logra luego de importantes contribuciones al campo de estudios.

Sin embargo este personaje no tiene publicaciones arbitradas ni ha escrito libros sobre su profesión. Su aportación al campo en insignificante. Sin embargo se presenta *jatanseosamente* como profesor… no solo es una impostura intelectual es el robo de honores que no le corresponden.

Pero en las órdenes esotéricas ocurre que esta persona es muy importante. Todos le alaban por sus conocimientos esotéricos y sus títulos en la universidad. Lo cual revierte a la ignorancia que impera en estas órdenes. Porque personas de verdadera conocimiento y auto estima no se dejan timar por alguien que lo único que está haciendo en una impostura intelectual.

El Balance entre lo Profano y Sagrado

Tal vez sea un rezago de un pensamiento religioso o mágico, pero un elemento muy común que podemos encontrar en las órdenes místico esotéricas y fraternales es el pleno rechazo de la naturaleza humana. En estas permea una ideación de que el ser humano es algo detestable y que deber ser repudiado para poder llegar a la autorrealización; o por lo menos ser aceptado y avanzar en la estructura de la orden.

Claro, como en cualquier otro régimen, la realidad es que el pueblo sufre para que el líder y sus alcahuetes disfruten. Cuantas veces podemos decir que las personas en posiciones de poder tienen la disciplina que en teoría se necesita para el progreso espiritual... en muy pocas.

Recordemos que el Dalai Lama, la Madre Teresa de Calcuta, el Papa, el Gran Mufti, etc. viajan en primera clase o en aviones privados. Lo cual implica que estos son muy malos ejemplos que seguir en el desarrollo personal. Ya que predican algo que ellos mismos no pueden lograr.

Pero no lo pueden lograr porque no es la naturaleza humana el lograrlo. La realidad es que para poder lograr el progreso espiritual es necesario abrazar nuestra naturaleza humana. LaVey decía que el ser humano tiene un demonio dentro de sí, el cual debe ser ejercitado y no exorcizado.

Dentro de su perversidad, LaVey demuestra un profundo conocimiento de la naturaleza humana. Ya que el ser humano no puede negar su naturaleza, sus impulsos instintivos.

El problema es que en las órdenes terminan por intentar suprimir la naturaleza humana. Fuimos creados (o evolucionamos) para sentir placer, para regocijarnos en las sensaciones. Así, ¿Por qué hemos de negarlas o suprimirlas?

La supresión de los impulsos instintivos lo único que logra es crear trauma en el ser humano. Trauma que no permite que este progrese. Ya que todo lo que se suprime termina dentro de su inconsciente y eventualmente resurgirá en la forma de alguna condición de salud mental o emocional.

Crowley en su infinita sabiduría nos recomendaría que nos inmerjamos en nuestros deseos. En Perdurabo: La vida de Aleister Crowley, Richard Kaczynki, nos relata como Crowley en cierta ocasión, cuando estaba en un monasterio budista en Burma, no podía completar un complejo ejercicio de meditación.

Mientras Crowley intentaba su ejercicio de meditación, imágenes lujuriosas lo atormentaban. Continuó en esta lucha por días, hasta que en un momento de lucidez entendió que esas imágenes no lo dejarían hasta que logra satisfacer sus deseos carnales.

Así, Crowley dejó el monasterio para ir a al prostíbulo local. Allí, se inmergió en las pasiones de la carne. Al regresar al monasterio, este logró completar sus ejercicios de meditación.

Es claro que Crowley era un extremista. El cual disfrutaba llevar los asuntos a un punto que las personas convencionales considerarían errado o ridículo. Pero, en el exceso Crowley ejemplificó la necesidad de balance en la vida espiritual.

Ese paradigma de abnegación es inválido. El suprimir todo lo que tiene que ver con el ser humano, ya no es sostenible. La prohibición de comer carne, ingerir alcohol, fumar tabaco o fornicar no debe ser aceptado. Simplemente sublimar los instintos con oración o meditación es contraproducente.

Lo que el mago moderno tiene que descubrir es el balance perfecto entre lo profano y lo sublime. Tiene que llegar a la realización que suprimir un instinto o sublimarlo lo único que logra es atrasar su progreso espiritual. Lo que este debe hacer es buscar formas saludables de expresar sus instintos.

Debe lograr la compresión que sus instintos y sus necesidades son parte necesaria de lo que es el ser humano. No se debe creer toda esa estupidez de virginidad como virtud, y la restricción como dogma. La libertad es necesaria para lograr le progreso espiritual. La negación del ser no es la clave.

El balance entre lo profano y lo sublime continua siendo la clave para el progreso espiritual.

El Gran Secreto de los Números

En el momento que abandonas el método científico, dejas de ser un matemático y te conviertes en un numerólogo.
Pi, (1998)

Los números son un gran misterio para la mayoría de las personas. El mero uso pragmático del diario vivir se ha convertido en casi un conjuro incognoscible para la mayoría de los seres humanos. Cuantas veces vemos en las tiendas a las personas intentado lograr descifrar el gran misterio de cuanto es el por ciento de descuento de lo que quieren comprar. Cuantas emociones invocan y evocan en las personas ciertos números. Como los sagrados números de la lotería o el precio de la gasolina o el pan.

Por eso no ha de sorprender que la mayoría del populacho le dé poderes y significados mágicos a los números.

El uso de los números es una constante en las órdenes místico esotéricas y fraternales, siendo la numerología un elemento clave del misticismo. En muchas de estas órdenes se utiliza los números como forma de adiestramiento o para transmitir algún conocimiento oculto (o por lo menos esto es lo que reclaman).

Dentro de las diferentes órdenes existen disciplinas cabalísticas como la gematria, temura y notaquiron. También se puede mencionar la geometría divina, versiones de la arquitectura sagrada, los pitagóricos, ciertos tipos de astrología, y otras tantas fantasías.

Pero, en los números mismos no hay grandes secretos. Los números son una simple manera de comunicar algún significado. El cual ha sido construido por las personas para transmitirlo.

En la modernidad donde tenemos lenguajes vivos y complejos se nos hace difícil concebir que en algún momento idiomas disponibles a las personas fueran limitados.

Donde a las letras se le asignaban múltiples significado. Así, por ejemplo, Alef es la letra A, a la vez que el número 1. No es que haya algún significado místico, esto lo único que hace es reflejar la realidad del desarrollo lingüístico de un grupo étnico social.

Por qué todos esos *numerólogos* de la actualidad no intentan hacer operaciones de gematria, temura y notaquiron con el hebreo actual. O con cualquier otra lengua moderna. Excusas de más tendrán para no hacer lo que no pueden hacer.

Cuan risible es la astrología. La cual le da significado cuasi matemático a las supersticiones del pasado. Las cuales estaban muy ligadas a la información disponible de los cuerpos celestes de aquella época. Si son doce constelaciones, que pasa cuando se descubran nuevas u otras sean golpeadas por asteroides y sean destruidos o se conviertan súper novas.

Pero no hay mayor tontería moderna con los números que la obsesión con las horas y fechas especiales.

Esta obsesión con las horas y las fechas lo único que refleja es una gran ignorancia de cómo estas se han establecido para el uso de la sociedad en general. Cuya principal finalidad es la de poder fraccionar el constructo social del tiempo para poder hacer posible una actividad económica complicada.

Igual de ignorante del hecho que prácticamente cada grupo social ha establecido su propia forma de contabilizar el constructo social de tiempo. Los judíos, musulmanes (y prácticamente todo grupo religioso o político) tienen su forma de marcar el tiempo. Prácticamente toda religión tiene su forma de marcar el tiempo a base de algún momento significativo, e.i. el nacimiento de su profeta, la redacción de su libro sagrado, etc. De igual forma toda orden místico esotérica y fraternal tiene su forma de marcar el tiempo.

Cuantos recuerdan la histeria por el año 1999. Que no se nos olvide que la historia ha estado plagada con la fiebre centenaria y milenaria, donde las personas pierden la razón por la superstición que algo importante pasará cuando cambia el calendario.

Qué habrá pasado el 7 de julio de 2007 o el 11 de noviembre de 2011. La realidad es que nada importante ha pasado. En ninguna de estas fechas, por ser fecha 'especial' sucede algo. No hubo grandes cataclismos o cristo regresó o un nuevo buda nació.

Más aun cuantos 6 de junio de 2006 han existido en diferentes culturas; o tendrá significado esotérico que los emperadores romanos renombraron y crearon nuevos meses sólo para perpetuar su ego. ¿Cómo habrá trastocado eso todos los significados místicos de los *esoteristas?*

Podríamos argumentar que el 4 o 14 de julio o el 11 de marzo o septiembre son más importantes que cualquier otra fecha que los *esoteristas* le den algún significado místico.

Las horas son algo interesante en el aspecto de la superstición.
Por un lado tenemos algunas que se basan en los ciclos de sueño.
Como los gnósticos de Samael que creen que la alquimia sexual debe
ser a las 3 am.

El pragmatismo de los Laveyanos afirma que el mejor momento
de hacer trabajos mágicos por la noche, ya que las potenciales
víctimas normalmente están durmiendo. Y están los que siguen la
magia ritual que le han dado horas específicas para comenzar el
trabajo mágico dependiendo de la operación.

Como en el caso de las fechas, esto lo único que refleja es la
ignorancia de la mecánica de las horas. Ya que siempre en algún
momento del globo terráqueo, y del resto del universo, será las 11 de
las noche. Así, es tonto pensar que las 11:11 es algo especial… es una
simple ilusión. Es que los que reclaman que las 11:11 es algo especial
dicen que será algo especial en todos los momentos y en todos los
lugares donde ocurra esta hora.

Generalmente no, porque las 11:11 será especial cuando la
persona está presente. Lo cual implicaría que sólo la interpretación de
que las 11:11 es especial lo que la hace significativo.

Llegará el momento que los *esoteristas* se den cuenta de las
tonterías que afirman. Claro que no. La realidad es que los números
tienen el significado que nosotros les hemos asignados.

Lo que los supersticiosos no quieren entender es que en los
números no hay grandes secretos. Que en algún momento de la
historia estos eran simples manera de comunicar significado en un

contexto socio-histórico. El cual se ha perdido o simplemente ya no es relevante a nuestra realidad actual.

Si hay algo que descubrir, es la realidad de lo que fue en algún momento el pensamiento de una civilización que muy probable ya no existe.

Coda

Si en los números hay grandes secretos, quienes tenían estos secretos fracasaron en transmitirlos de manera efectiva. Ya sea por la diferencias que se desarrollan en el lenguaje o cultura a través del tiempo; o la simple mala fe de esconder la información; si el mensaje no se ha transmitido y recibido de manera eficiente se ha fracasado en la enseñanza. Convirtiendo la enseñanza en irrelevante.

Por otro lado, la noción de que la interpretación del mensaje es más importe que la intensión de quien da el mensaje es toda un ridiculez post modernista. Que refleja la pereza de la presente época. Donde ni siquiera se quiere pasar el trabajo de aprender un código, dentro de un contexto histórico cultural, para descifrar que es lo que el emisor del mensaje quiere transmitir.

Retroalimentación — Emisor / Intensión — MENSAJE — Información / Código/Método — Receptor / Interpretación / Contextualizada

El emisor del mensaje tiene una información que desea transmitir. Este selecciona cual es el código (lenguaje y tono) y el método (escrito, oral, etc.) que utilizará. Idealmente para transmitirlo de la manera más clara y precisa posible. Quien recibe el mensaje tiene que interpretar el mensaje que ha recibido procurando utilizar el mismo código, entendiendo el método y contextualizando cultural y temporalmente la información. Este le brinda retroalimentación al emisor del mensaje que ha recibido para verificar que la interpretación del mismo es la correcta.

Cuando no se puede ofrecer retroalimentación al emisor, el receptor tiene la responsabilidad de volver a revisar la correcta interpretación de la información dentro del contexto en que esta fue desarrollada.

Migajas

¿Eso es con lo que se quieren conformar? Las migajas del conocimiento que otro les puede dar.

Existe toda una camada de personas que frecuentan las Órdenes Iniciáticas. Muchos de estos son simples coleccionistas del conocimiento (o personas aburridas sin nada más que hacer). Pero, el asunto es que muchos no quieren esforzarse o pagar por ese conocimiento que buscan. Pretenden que le regalen el conocimiento (o que los entretengan por unas horas a la semana).Las mayoría de los iniciados en esas órdenes ya sean dado cuenta que este tipo de persona no está dispuesto a pagar el justo precio por el conocimiento que está dentro del templo. De tal manera que ya no abren sus experiencias y conocimientos a esto buscones. La avaricia de estas personas es tal que prefieren conformarse con las migajas y medias verdades que los iniciados dejan caer de su mesa.

Esta es una simple alegoría de lo que muchas veces nos sucede. Somos avaros o conformista o perezosos cuando al camino iniciático se refiere. No es lo mismo el leer un libro o experimental algún evento esotérico, que escuchar de él. Cuando esperamos que otros nos den su conocimiento o compartan sus experiencias nos conformamos con las migajas intelectuales que estos nos dan.

Eso es en el mejor de los casos. Recuerden que una vez una idea es procesada en nuestras mentes la cambiamos a nuestra realidad. Es decir que cuando una persona nos relata lo que sabe del libro o de su experiencia nos está dando su interpretación del mismo. En ella están plasmados sus gustos y disgustos.

¿Tan avaros somos que no somos capaces de buscar el conocimiento y la experiencia para poder llegar a nuestras propias conclusiones?

Cuando se nos da una lectura no es porque el maestro es un perezoso y no nos quiere enseñar. Es porque este nos está dando las herramientas para que aprendamos y lleguemos a nuestras propias conclusiones. Que al momento de lo dicho y hecho el conocimiento y las experiencias sean las nuestras y no las migajas de otros…

Una Persona Espiritual

La comercialización de la espiritualidad ha llevado a crear la imagen de quien es y quien no es una persona 'espiritual'. Es común invocar a autores como el Paulo Coelho o Deepak Chopra como ejemplos de personas espirituales; y al Dalai Lama como un líder espiritual. Sin embargo, como contra ejemplo, al Papa (como líder) o Mario Vargas Llosa (como escritor) se descartan como personas espirituales.

Esta torcida visión, de quien es y no es, se fundamenta en una expectativa de que lo místico tiene que ser incomprensible, que las personas espirituales tienen que ser extravagantes y excéntricas (cuando se comprara con la mayoría) y que mientras más exótica sea la cultura de donde proviene la creencia más espiritual ha de ser.

De igual manera, en algún momento, se estableció la expectativa que las únicas personas con avanzada espiritualidad son los que han acumulado un vasto conocimiento técnico de las prácticas y dogmas de esas creencias extrañas.

Siguiendo esta línea, muy seguido se me ha acusado de ser una persona muy espiritual. Lo cual es muy risible porque en el momento que más se me ha acusado de ser espiritual es cuando menos he estado trabajando alguna practica espiritual.

Ya que por años tomé una sabática de las prácticas y estudios místico esotéricos. Dentro de las órdenes, las prácticas que pueden llevar a una comprensión de lo espiritual (o la aceptación y aprobación de los líderes o el grupo) toman mucho tiempo. Por lo cual decidí dedicarme por completo a una vida profana. La disciplina que hubiera aplicado a las prácticas espirituales las aplique a una vida académica. Además de tener una saludable obsesión con la adquisición de bienes materiales.

Pero la mayoría de los que me han acusado de tener una alta espiritualidad lo han hecho porque tengo un conocimiento técnico, de prácticas y dogmas que ellos no tienen. Pero más importante me han reconocido y exaltado como tal en la búsqueda de la validación propia y de terceros. Ya que sólo una persona con alta espiritualidad puede reconocer a otro.

Sin embargo, estos altos acólitos de la espiritualidad acusan algunas de mis amistades de ser sumamente materialistas. Por eso es que personas de carácter distintos pueden establecer una gran amistad, porque se complementan. Las idioteces que usan los acólitos de lo espiritual para justifican sus prejuicios jamás dejará de sorprender (y entretener).

Porque a esas personas que se acusan de ser materialistas y poco espirituales tienen mucho que enseñarles de lo que es la espiritualidad. Porque ellos ponen en práctica muchos de los elementos necesarios para una sana espiritualidad que los acólitos no hacen.

Adrián: Disciplina y Balance

"Él es un materialista."

"Lo único que le importa es que se hagan las cosas de la manera correcta. Por lo cual es perfecto para las posiciones administrativas de la logia."

"Es la persona menos espiritual que he conocido."

Estos son los calificativos más comunes que los 'hermanos de logia' han levantado contra Adrián. Otros le han llamado 'un dictador'. Nadie lo ha acusado de ser una persona profundamente espiritual. Sin embargo como los caballeros de las historias este es un gran ejemplo a emular de lo que es una persona espiritual.

Por más de 30 años Adrián ha sido un militar. Comenzando como un soldado raso en la infantería a un oficial encargado de operaciones y un ejecutivo de un almirante encargado de una instalación militar. A la vez que ha acumulado varios títulos académicos a nivel graduado y una carrera civil como consejero profesional en el departamento de educación del país.

Nada de esto, dirían los acólitos de la espiritualidad, es conducente a una vida espiritual. Lo que estos no comprenden es el concepto de vivir balanceadamente una complicada vida profesional a diferentes niveles, con una vida familiar y la espiritual.

Adrián es un masón. Entre las primeras lecciones que los masones le dieron fue que debía tener un balance entre el trabajo, el descanso y la espiritualidad. Es la forma tan magistral de lograr un balance entre los 3 lo que hace a Adrián un ejemplo de una persona espiritual.

Él labora para poder dedicar un tercio de su vida a cada una de estas faenas. Pero no lo dice. No se jacta de su última lectura de un 'autor espiritual' o de 'haber meditado' o visitado algún lugar 'espiritual'.

Su relación con el creador es suya y no la hace pública.

Adrián tiene uno de los elementos más importantes para establecer una efectiva espiritualidad: disciplina. La disciplina que le enseñó una vida profana. La disciplina de un militar.

Es su disciplina la que le impulsa estudiar el libro sagrado de su religión y los libros de la masonería. Es su disciplina lo que lo lleva a separar el tiempo para conocer de los dogmas de otras religiones para poder comprender mejor a sus hermanos.

Muchos los acusan de ser un materialista. Otros lo acusar de ser un dictador. Pero yo lo acusó de ser un ejemplo a seguir para cualquiera que quiera desarrollar una sana vida espiritual.

Cesar: Lealtad y Sacrificio

Cesar es uno de los miles de emigrantes que han dejado su país natal en busca de una vida mejor. A través del diligente trabajo ha logrado esa vida que todo lo emigrante busca. Pero antes, de emigrar, antes de lograr su aspiración… Cesar dedicó gran parte de su tiempo a preparase para ese éxito: estudió y laboró como todo profesional. Así se convirtió en un ser de provecho para la sociedad.

Logros que los acólitos de la espiritualidad no considerarían importante. Ya que ser un profesional en un área del desempeñó profesional, como ya se ha expuesto, no es una faena que llevaría a la espiritualidad.

Sin embargo esta es un reflejo de un profundo sentido espiritual. Cuando todo parecería estar en la homeostasis, la prueba del calibre de la espiritualidad de Cesar ocurrió: su esposa tuvo un accidente. Un hombre con menos entereza hubiera salido huyendo de una mala situación. Él decidió enfrentarla y honrar la promesa que hizo en un altar sagrado. Pudo salir corriendo de esa situación. Reclamar que la presión era demasiado. Pero decidió quedarse en la relación. El decidió cumplir con el juramento que libremente aceptó.

Esta es una de las grandes lecciones que Cesar nos da. La lealtad es un aspecto importante de la espiritualidad en el sentido que esta es la base de nuestro impulso espiritual. Sin lealtad sólo seriamos profanos. Si no podemos ser leales a las personas que están a nuestro alrededor como podemos ser leales a ideales más intangibles o etéreos.

Para poder atender las necesidades de su esposa, Cesar se ha dedicado al trabajando. Muchos dirían que trabajar no es una actividad espiritual. Pero su trabajo es lo que permite adquirir los servicios especializados que su esposa necesita para lograr su recuperación.

Pero su convicción va más allá de su familia…

Su trabajo es lo que le permite ser un *Shriner*. Le permite tener los recursos económicos necesarios para, con otros *Shriners*, colaborar en mantener un ala de un hospital de niños en su país natal; le da las redes sociales y de negocios que le permiten lograr que otras personas se unan en contribuir con los niños que lo necesitan.

'$100 no me hacen más o menos rico, pero si hace una diferencia para estos niños'. Mientras haya vida habrá oportunidad de desarrollar la espiritualidad, mientras más calidad de vida se tenga más calidad de espiritualidad se puede tener.

El tiempo que Cesar pasa trabajando generando dinero es tiempo que no está con su familia o amigos, o simplemente disfrutando del ocio. Es tiempo que no puede dedicar a la espiritualidad convencional.

Ese es el sacrificio de Cesar. Es en este sacrificio que nos da un ejemplo de lo que una persona verdaderamente espiritual realiza. Echar todo a un lado para cumplir con sus promesas, dejar el desarrollo espiritual por buscar el bienestar de las personas que están a su alrededor. El mejorar su vidas.

Como Epílogo

Ninguna de estas dos personas es perfecta, ni reclaman serlo. Ninguno de los dos pregonan al mundo profano cuan espiritual es o como medita todos los días o los libros más recientes que han leído sobre algún tema esotérico. Ni se dan golpes en el pecho de haber descifrado algún misterio oculto…

Ellos han puesto en práctica 4 enseñanzas que muchos de los acólitos de la espiritualidad no han podido comprender y menos implementar: disciplina, balance, lealtad y sacrificio.

Ya que ser una persona con alta espiritualidad no se refleja por un conocimiento técnico o membresía con altos grados en alguna de las desprestigiadas órdenes místico esotérica y fraternal… una alta espiritualidad se demuestra con una vida justamente vivida. Con el sacrificio que se hace voluntariamente a diario por los demás seres humanos, sin la espera de recompensa o reconocimiento.

Visiones Puritanas

Es muy común para aquellos que estamos en los caminos del ocultismo que se reclame que tenemos que llevar una vida pura y casta. Donde se tiene que separar a la persona de los vicios del mundo. Donde hay que evitar todos los antros de perdición, porque estos nos han de destruir nuestro impulso espiritual. Más aun, se habla del retirarse a lugares especiales, refugios espirituales, donde la inmundicia de un terrible mundo profano no nos afecte.

Todo eso son completas e *inadulteradas* tonterías. El verdadero mago vive su vida entre los profanos. El verdadero mago tiene la capacidad de ir a los peores lugares y poder transformar las impresiones que allí se encuentran. Más aun, tiene que existir un balance en la vida. El llevar una vida de asceta es una completamente idiotez. Ya que alejarse de los problemas sólo refleja la falta de capacidad de poder enfrentarse a ellos.

El asunto es el poder estar entre la mierda y no ensuciare con ella.

Reflexiones en el Cementerios
Dedicado a Ricky y Nixida

Es extraño considerar que son los satanistas quienes efectúan los actos de vandalismo y perniciosa destrucción en los cementerios. Cualquier proclamación afirmativa al hecho se convierte en una calumnia, si se trae a colación que un satanista está en contra de tales actos de inmadurez.

Los cementerios son lugares para ser reverenciados. No por ser sacros de una u otra religión, lo son por ser los custodios de la historia y el arte de una sociedad en específico. En ellos se esconde una identidad. Benjamín Franklin afirmaba que si deseaba conocer a un pueblo sólo se necesitaba visitar su cementerio.

Los niños malcriados que se dedican a la destrucción de tan importantes lugares lo hacen por no tener otro medio para expresar su vacía rebeldía. Profesan el revelarse contra una costumbre, religión, o hasta de un dios. Se rebelan contra un pedazo de piedra porque no pueden revelarse contra una idea muerta en sus mentes. Nadie tiene el derecho de dañar o destruir la propiedad de otro. Vandalismo en raras ocasiones está motivado por ganancia o venganza, sino un simple impulso por destruir. Aquellos que se sacian en la gratuita destrucción muestran el mismo nivel de respeto a los objetos inanimados como a ellos mismos. Ellos, por sus actos, reclaman ser destruidos (LaVey, 1992, The Devil's Notebook).

Pero, sus actos quedan sin sentido, se tornan en simples actos de vandalismo, no de rebelión. Estos bajan hasta el nivel más bajo, en sus perturbadas acciones no son mejores que el más sucio de los adictos o el más aborrecido de los criminales. Los cementerios no guardan la pestilente y podrida carne de lo que fue un animal humano. Es característico del ser humano celebrar dichos ritos y costumbres, es éste quien en ocasiones extiende sus costumbres a los animales no humanos. Hasta la actualidad no se ha encontrado que otras especies efectúen algo vagamente relacionado a los rituales funerarios (Ortiz-Rodríguez-Vélez-Flores, 2003, Los Ritos Funerarios, Disposición de Cadáveres y Donación de Órganos).

Estos lugares preservan un momento en la historia, son museos al aire libre donde se pueden admirar las hermosas esculturas que allí están. Son un retrato vivo de un arte basado las costumbres y creencias religiosas. El cual cada vez se observa menos y está condenado a desaparecer. Ya no se produce ese tipo de arte, se ha modificado, cambiado con los tiempos, ¿los efectos de una comercialización de la muerte?; y el existente no se preserva, no se valora y se destruye.

Estos niños, en su afán de búsqueda de liberación, toman acciones que los denigran. Él poseía una copia de la Biblia Satánica, pero, si la leyó, claramente no entendió que el libro de LaVey es un manual para inadaptados productivos y marginados creativos [...] su satanismo era sólo una mera forma de tratar de adquirir estatus dentro de un limitado círculo social (Baddeley, 1999, Lucifer Rising). No se exaltan, no crecen, sólo destruyen como la más violenta de las plagas, destruyen lo que no es de ellos. En el proceso otorgándole la razón a aquellos que los critican. En su falta de propia personalidad, destruyen una de las bases de lo que podría ser la personalidad de un pueblo.

¿Deberían los satanistas amar a estos engendros de pestilentes impulsos? ¿Se debería educar a quien no desea ser educado? o ¿Se debería extirpar de una manera definitiva a este cáncer que corroe a una sociedad y priva de una arte y un santuario de paz a aquellos que verdaderamente lo entienden y disfrutan?

¿Deberían los satanistas, no los que desean y nunca serán, pagar por las tontas actitudes de estos niños malcriados? Muchos de los que desean ser Satanistas sólo están interesados en blasfemar. En efecto ellos son sólo herejes cristianos (Baddeley, 1999, Lucifer Rising).

¡No! El Dr. LaVey declaro la destrucción de estos vándalos imbéciles que destruyen lo que no es de ellos. El Lex Satanicus dispone severas, rápidas y seguras sanciones para el que causa daño sin ser merecido, siendo eso lo que obtendrá el que se lo merezca. Vándalos, aquellos que destruyen y mutilan objetos y propiedad que no son de ellos, deben ser, cuando aprendidos, destruidos, o por lo menos castigados de una manera adecuada (LaVey, 1992, The Devil's Notebook).

Alejandro Ortiz

Mis Ejemplos

Cuando comencé a construir este escrito pensaba
constantemente en dos personas. Porque si debo mencionar mis
ejemplos, tengo que pensar en ellos. Su imagen revoloteaba en mi
mente, sus atributos y circunstancias. En fin sus vidas como
estudiantes de una filosofía y sus vidas como místicos. Ya que la
iniciación es la vida misma correctamente vivida.

Lamentablemente no puedo reportarles que ellos sean avatares
de una época o grandes maestros de exaltadas órdenes exotéricas, ni
miembros de monasterios o cleros. Ellos son mis ejemplos por ser las
personas que generalmente son despreciadas en las exaltadas órdenes,
asimilados en las religiones de las masas e ignorados por los pseudo
maestros de la actualidad. Tampoco puedo reportar que ellos sean
virtuosos en la música o arte, ni que sean famosos, bellos o ricos.

Mis ejemplos son personas que tienen, como se diría en las
palabras del pueblo, todas las de perder. Especialmente en una
sociedad obsesionada con la belleza externa y la riqueza material. Mis
ejemplos tienen que luchar el doble para lograr la mitad del
reconocimiento, que una persona bella se le otorga o que el rico
puede comprar. Son mis ejemplos porque tienen la voluntad de
superarse.

Un ejemplo es aquello que esta para ser imitado. Una persona
ejemplar es aquel que mediante sus obras presenta lo que se debe
hacer. Claro está, se necesita una definición de que es "aquello" lo
que debemos imitar. Se tienen que construir unos paradigmas para

definir lo que es deseable y lo que no es. Un marco de referencia, porque lo bueno y lo malo; correcto e incorrecto existen fundamentado en el otro. Socialmente existen estas definiciones. Las aceptamos, las asimilamos o se nos imponen. Si tenemos suerte, o visión, otros los construimos nosotros al proponernos una meta.

Mis ejemplos representan eso, un atributo a imitar. Ellos se encuentran alguna o algunas de las características que me pueden llevar a lograr un ideal. Un ideal que está más allá de lo convencional. Que idea se queda en lo convencional. De los conceptos que a diario son bombardeados en cada uno de nosotros. Un ideal que de manera simple representa la excelencia.

Para mi estos ejemplos son maestros. En la tradición del viejo testamento un maestro era quien comunicaba los textos a ser memorizados y se encargaba de escuchar su recitación por parte de los discípulos. Si tomamos en cuenta que la palabra *Lammed*, un maestro instructor, se refiere a entrenar o a ejercitar, podríamos decir que el maestro nos enseña, al metafóricamente, obligarnos a realizar la tarea que nos ha de hacer crecer.

Para los musulmanes el Imam, que se traduce como modelo o persona ejemplar, es quien dirige a la grey en las oraciones. Para poder ser digno de tal honor la persona tenía que demostrar un profundo conocimiento del Corán y ser un líder en su comunidad. Es interesante que en comunidades *shi'itas* el *Imam* tiene el rol de servir como intercesor en los diferentes asuntos de la comunidad y de fe. Si nos movemos hasta el oriente encontramos al gurú. Este es un maestro espiritual, alguien que ha logrado la maestría en doctrinas éticas y metafísicas, él es quien enseña alguna materia. Ellos enseñan a sus pupilos las primeras lecciones sobre la inmortalidad y los inician en los misterios de la vida y la muerte.

En tres culturas diferentes se exalta la sabiduría y la transmisión de algún conocimiento, sin que se nos quede de mencionar el ejercicio de algún poder social, como elemento indispensable para ser un maestro, un ejemplo. Sin embargo olvidamos que el tonto del pueblo nos puede mostrar la clave de los misterios universales. Se nos olvida que, como en el tarot, el tonto o loco, quien comienza el viaje y se arriesga, entiende que posibilidad de la sabiduría está en todas partes.

Parafraseando al antiguo refrán oriental: el maestro te abre la puerta queda en ti cruzarla. Pero cuál es el maestro que ha elegido para que abra tu puerta. Cual puerta. Se ha dicho casi a ad nauseam, que el maestro llega cuando el estudiante está preparado. Lo que queda implícito, y por eso tal vez olvidado, es la responsabilidad del estudiante al prepararse. Lo que no se menciona es la voluntad del estudiante para recibir a ese maestro. Más aun, en la espera de ese efímero maestro se le olvida que el más grande maestro es la vida misma. Como ya se ha dicho, ella nos da las lecciones que necesitamos.

Se tiende a recalcar la elección del maestro sobre discípulo. Se piensa que sólo el maestro es el que elige y es el estudiante el que lo sigue casi de una manera automática (o autómata). En relevancia a nuestra sociedad, el cristianismo nos ha dado lecciones sobre lo que le sucede al estudiante que elige, según los autores del nuevo testamento, mal. Y tal vez el relato del Rabí Akiva y sus compañeros al entrar al Jardín, sirva de detractor para aquel estudiante que intente elegir.

En el mundo actual, se quiera o no, se tiene que elegir. Aunque sea elegir el no elegir. En una época de maya, de ilusiones, se hace difícil elegir. El precio de la libertad, la responsabilidad de la libertad. Es por eso que debemos elegir con mucho cuidado. El estudiante es un reflejo de su maestro. La elección de un maestro equivocado puede atrasar nuestras metas. También la elección de un pseudo maestro sólo nos convertiría en pseudo místicos.

Tal vez por intentar ser místicos, esperamos esa gran persona, que en toda la magnificencia de la materia, nos ilumine con su luz. Nos deslumbre con su conocimiento. Es a causa de estar buscando tanto, de esforzarnos demasiado, que no vemos a los verdaderos maestros que están a nuestro alrededor. No podemos ver el bosque por que los árboles impiden nuestra vista. Pasándoles por el lado a esos maestros que con su ejemplo nos pueden enseñar más de lo que creemos.

Ya conocía a Marcos antes de conocerlo como estudiante de misticismo. En su rol de estudiante de misticismo, él solía sentarse en la parte de atrás de la recamara de estudios. En silencio pasaba por desapercibido. Se mantenía callado y sólo hablaba cuando se le pedía. Era extraño para los demás estudiantes verlo ahí, es como si el supiera que su presencia no le agradaba a algunos.

Marcos era delgado y pequeño en comparación a los demás. En un grupo de *verboreicos* estudiantes él se distinguía por su ya mencionado silencio. Pero cuál era su gran pecado. Aquello que hacía que a los instructores no le agradare su presencia. Él es negro y pobre. Viviendo una vida casi nómada entre el hogar de su madre y su abuela. Ambas residencias en los barrios pobres de la ciudad de Ponce. Con un mínimo de educación académica, es tan sólo un obrero.

Ángel, mi segundo ejemplo, lo conocí en la misma escuela. Pero en momentos diferentes. Él era un estudiante muy dedicado, siempre llegaba temprano y se sentaba en la primera fila y escuchaba muy atento a los instructores. Un negro alto y delgado su presencia era notada por todos. Para algunos su presencia también era una que los incomodaba, no sólo a los instructores sino a otros estudiantes. Cuál es su error social. El mismo de Marcos, ser pobre y negro. Pero a él se le añadía otro, el de tener los síntomas leves de una condición mental.

En la perversidad de lo normal estos individuos representaban lo que no se quería ser: un trabajador pobre, negro y enfermo. Todo lo que no es ser un triunfador. Esa representación llevó a los exaltados instructores a intentar troncharle su impulso espiritual al ponerles trabas a ellos. Trabas que a otros estudiantes no les ponían. Cuando las trabas no funcionaron, la descarada expulsión culmino su participación en esa escuela.

Que nos tienen que enseñar estos místicos, que moraleja se puede sacar de esta historia inconclusa. La lección que se le da a los arrogantes místicos de complicadas teorías y elevados mantras, a todos los simples estudiantes: es la dedicación y tenacidad. A pesar de las vicisitudes estos ejemplos no perdieron su impulso espiritual y continuaron con sus estudios y practicas místicas.

Al día de hoy continúo viendo a Marcos, ocasionalmente. Él logró la iniciación a una escuela de misterios. En la hermana del lugar donde no se le acepto por ser un negro pobre. Diligentemente continua con sus estudios y los instructores quieren que estudie la doctrina para convertirse en un instructor. Continúa trabajando e ingresó a un colegio de la comunidad.

Ángel también continúa en los senderos místicos. Sé que los han discriminado en otros lugares. Aun así continua. Su biblioteca crece cada día en volúmenes de misticismo y esoterismo y sus visitas ocasionales a diferentes escuelas es una ocurrencia que cada día aumenta. Ángel tiene planes de estudiar en la universidad.

Ellos son dos de mis ejemplos. Personas que en su cotidianidad pasan desapercibidos. Son uno más de los demás, una cara que se pierde en la muchedumbre. Ellos son las personas que sólo veras cuando elijas verlos, por que como arquetipos de un ideal siempre han estado y estarán allí...

Para concluir... los ejemplos que escogemos para servirnos de guía por lo general son aquellos los cuales más nos gustan. Elegimos a las personas más inteligentes y mejor parecidas para afirmar "eso es lo que debemos ser". Creemos que estas personas "bellas e inteligentes" son lo mejor que nos puede pasar.

Pero, ¿cuando decimos que esa persona fea o poco inteligente es el ejemplo que debemos seguir? Cuando nos fijamos en esas personas que no complementan los parámetros sociales de la belleza y la inteligencia como nuestros ejemplos. Los mejores ejemplos a seguir son las personas que su inteligencia no es estelar o que su belleza no deslumbra.

El bello y el inteligente han venido a esta existencia con las herramientas sociales y mentales para completar su impulso espiritual. Los que son poco bellos y/o inteligentes han venido a esta existencia con una desventaja la cual tienen que superar.

Los ejemplos de superación y de tenacidad ante el camino místico son aquellas personas que a pesar de sus desventajas mentales o sociales perseveran. Son aquellos que sin importar el tiempo o el trabajo que les tome, continúan en el sendero místico. Son los que aprenden constantemente y se superan a pesar que no son vistos o escuchados. Nuestros ejemplos tienen que ser aquellos entes que desarrollan su espiritualidad, derrotando nuestros prejuicios.

Mis Ejemplos... Revisitado

Si un negro pobre y una persona con condiciones mentales es mi ejemplo de lo que es la persistencia en los asuntos de búsqueda en la vida esotérica, la mayoría de los masones, gnósticos, y los rosacruces son el ejemplo de lo que no quiero ser. Nunca encontré en estos grupos alguna persona de la cual pudiera decir, 'cuando sea un viejo quiero ser como él'. Donde su vida fuera tan excepcional que pudiera mirar con admiración y desear aprender de ellos y emularlos.

Lo único que encontré en esos lugares fue la vacía arrogancia del fracasado. De la persona que no logró algo de importancia en su vida.

Pero que se cree importante porque compró un título. Lo único que encontré en esos lugares, no fue sabiduría o conocimiento, sino que me topé con mujeres adulteras, viejos alcohólicos, desajustados emocionales, personas enfermas...

Sin embargo estaban tan llenos de ellos mismos que no se daban cuenta de lo horrible que eran como personas. Su idea de sí mismo, su auto imagen, estaba tan desconectada de lo que era su realidad que era ridículo. Así que la corteja se explicaba como que 'el cósmico le envió el amor que deseaba' en la forma de una relación adúltera. El alcohólico justificaba su vicio en que compartía con sus hermanos. El desajustado mental oía las voces de los maestros desconocidos...

Ninguna de estas personas son dignas de ser llamadas maestros hermanos o *frater*, y mucho menos de servir de ejemplo. Sí, tengo ejemplos a seguir, debo tener ejemplo de lo que no quiero ser. Debo poder establecer cuál es el estándar de mediocridad al cual no quiero llegar. Tengo que aprender de los errores de los demás para así no cometerlos...

¿Los Falsos Rosacruces?

Para aquellos que no estudian a Aleister Crowley y se conforman con lo que encuentran en la Internet, quedándose casi siempre hasta que se topan con los epítetos de "La Gran Bestia" o "El Hombre más Perverso del Mundo", se les hace muy fácil mal interpretar las palabras de éste. Pero sus opiniones segadas se basan en la desinformación y falta de profundidad en los estudios de los escritos de AC.

Entre los muchos conceptos interesantes que utiliza AC para describir algunas escuelas esotéricas se pude destacar el "Sham Rosicrucian". Este lo podemos traducir como rosacruces falsos o farsantes. También si seguimos la línea de AC pueden ser rosacruces faltos de seriedad. Este concepto lo podemos encontrar en el capítulo 81 de Magia sin Lagrimas (New Falcon Publications, 1998). Como otros conceptos que se encuentran en dicho capitulo, este es utilizado por AC para mofarse del estado actual de esas escuelas esotéricas y su trato de sus discípulos.

Para poder entender a qué se debe esta mofa, en un muy característico AC, hay que referirse a otro de sus escritos. En el Capítulo 12, del libro antes mencionado, se explica lo que son los Hermanos Negros (los cuales no deben ser confundidos con alguna raza liderada por el Mesías Negroide). Para explicarlos AC nos dice que sólo existen dos posibles operaciones en la naturaleza: añadir o sustraer. Teniendo en cuenta que la suma y la resta es la base para todos los procesos matemáticos AC no está muy lejos de un axioma.

AC nos explica que el Hermano Negro es aquel que limita su campo de acción. Tiene miedo a añadir a sus experiencias. Mientras que un verdadero mago es aquel que añade a su experiencia de vida. En otro de sus escritos AC menciona como Hermandad Negra a toda organización místico-esotérica pseudo iniciática que no haya aceptado la Ley de Telema y se aferre a las viejas fórmulas del Eón pasado.

Más aun, la característica principal de una "Logia Negra" son las acciones de las mismas que van dirigidas a esclavizar a sus miembros. AC entiende que la Libertad es fundamental para lograr el contacto con nuestra parte más divinal y así trascender nuestro ser. Organizaciones como los falsos rosacruces esclavizan a sus miembros, aprisionan sus mentes y sus espíritus. Utilizando los instrumentos de las jerarquías y tradiciones, control de la información y la *dogmatización* que no permite el pensamiento crítico y libre.

Prima facie, y a pesar de sus protestas al contrario, el conocimiento está reservado sólo a aquellos que tienen los recursos económicos para comprarlos. Es la perpetuación de la actitud que sólo una elite socio económica tiene el derecho al conocimiento que los puede liberar a través de una educación.

Pero en el caso de los falsos rosacruces su educación no está diseñada para liberar. Sino para imponer las gríngolas de sus organizaciones en sus estudiantes. Desde el comienzo se estructura la enseñanza de tal forma que nunca es suficiente. Siempre le faltará una pieza al rompecabezas (el cual podrán adquirir más adelanta cuando pague sus próximas cuotas). Así se le promete al estudiante que las respuestas estarán más adelantes.

Limitando el compartir de experiencias. Para así asegurarse que el conocimiento colectivo no descifre las respuestas (que siempre están en ellos). Prohibiendo discutir las mismas con cualquier otro falso rosacruz.

Dentro del diseño de la educación del falso rosacruz se tiene que tomar en cuenta el lenguaje utilizado en las enseñanzas. El juego de palabras es un descarado intento de "lavado de cerebro" del estudiante a favor de la orden de falso rosacruces. Se utiliza un lenguaje sugestivo que intenta implantar un criterio homogéneo en todo miembro de la institución de falso rosacruces. Donde la frase favorita de adoctrinamiento es "estamos seguros que al finalizar su lesión estará de acuerdo con nosotros…". Es así que se logra esclavizar las ideas de un individuo a las de un grupo mediante una discreta sugerencia de lo que debe pensar.

Ya que se ha asimilado cual debe ser el pensamiento propio, se tiene que aceptar la organización. Para poder ser un falso rosacruz la aceptación, por virtud de la falacia de autoridad, las jerarquías perpetuadoras del poder y las tradiciones inverificables. Donde las directrices no pueden ser cuestionadas, por insensatas que sean. So pena de ser declarado un hereje irrespetuoso inmerecido del respeto que cualquier ser viviente es merecedor. Quien no merece ser parte de la amada orden rosacruz.

También se tiene que aceptar la orden de falsos rosacruz como la única orden rosacruz. Cualquier otra organización, y muy en especial otras órdenes rosacruces, no son verdaderas organizaciones místico/esotérico. Ya que la única que tiene la verdad es a la cual perteneces. Vestigios proteccionistas de las actitudes del antiguo Eón. Cuando comienza el nuevo Eón en 1904 de la era vulgar se declara una nueva Ley que incluye los preceptos de Luz, Vida, Amor y Libertad. Elementos indispensables para la evolución humana. Por regla general, las órdenes rosacruces que se aferran a un viejo sistema, muy convenientemente, como treta publicitaria, adoptan los primeros tres puntos (o variaciones de los mismos) y descartan el cuarto. Este es uno que no le conviene a los líderes que desean perpetuar su poder. Esta perpetuación es una crasa intrusión en la búsqueda de la Verdadera Voluntad.

Es la búsqueda de su Verdadera Voluntad, si estudia y labora la podrá descifrar, lo que libera al ser humano y facilita su progreso espiritual. Lo cual no es fácil ya que requiere extrema disciplina y dedicación al sendero que se ha elegido trabajar.

El individuo que busca su libertad no puede esperar que esta sea otorgada por una ser cósmico. Tampoco puede someter su propia voluntad y verdadera voluntad al mismo u otro ser cósmico. Limitar la Verdadera Voluntad a un ser cósmico sólo logra limitar la evolución espiritual. Las palabras "si es voluntad del cósmico, así se hará" son anatemas a un pensamiento libre. No se debe ser sub sirviente a un ser cósmico. Lo único que se debe hacer es asumir su forma para así este pueda transmitir su conocimiento a nosotros y adquirir dicha experiencia.

El Capitulo Rosacruz de la O.T.O. tiene unas funciones muy diferentes a las que tienen las organizaciones de falsos rosacruces. Esto se puede encontrar en el tratado Una Intimación con la Constitución de la Orden.

Mientras que la finalidad de los falsos rosacruces es la auto preservación y la validación de su propio conocimiento los Capítulos R+C tienen como razón de ser el bienestar de la Orden. Donde los miembros de dichos Capítulos tienen que fomentar la paz y la hermandad entre los miembros de la O.T.O. creando los espacios y actividades para que esto pueda concretarse. Siguiendo el axioma de AC antes mencionado, los Capítulos R+C buscan el añadir a la experiencia de la O.T.O. en vez de sustraer.

Cábala

Cábala es una palabra que proviene del hebreo. Esta tiene su raíz en *quibel* el cual se refiere a recibir. En hebreo no existen vocales como se conocen en el español u otras leguas, sólo existen consonantes. Para la pronunciación los rabinos y estudiosos hebreos han creado un sistema de puntos y rayas que sirven de guía para una pronunciación aproximada de lo que se ha escrito.

La palabra *quibel* se escribe de esta manera QBLH. Teniendo en cuenta que el hebreo se escribe y lee de derecha a izquierda la posición correcta es HLBQ. Las letras hebreas son *Qoph*, *Beth*, *Lammed* y *Heh*, leyéndolo de derecha a izquierda, estas letras son לבקה. Cuando mencionamos cábala nos referimos a la tradición recibida, en específico a esa tradición recibida de la boca al oído. En esencia es una enseña que se da de un maestro a su discípulo.

Se puede considerar la cábala como una escuela de misticismo hebreo o una escuela teosófica. Donde se busca llegar o conocer o entender lo que es dios. Siendo dios ese constante absoluto, esa fuerza creadora e *increadora* del universo. Este sistema pretende estudiar y busca explicar la relación del ser humano con su creador y las leyes que gobiernan la creación.

Las leyendas concerniente a la cábala dicen que esta tradición le fue enseñada por dios a los ángeles en paraíso como una escuela teosófica. Luego de la caída edénica el arcángel Gabriel tomó compasión de Adán y le enseñó la cábala para que este algún día pudiera volver a la gloria de dios. Otras dicen que Adam fue el primer cabalista y que nos legó el Libro de la Formación. Mientras que Abraham fue el primero que enseña la cábala como una escuela. Otras leyendas se centran en el patriarca judío Moisés. Una versión dice que este le enseña al pueblo judío un conocimiento oculto el cual aprendió de los egipcios. Otra versión dice que el ángel Metratón le enseña la cábala a Moisés durante el éxodo. Mientras que otra dice que dios mismo le enseña la cábala cuando este sube al Monte Sinaí.

Independientemente de lo que las leyendas construidas por los hombres puedan decir, la tradición cabalística se puede trazar a los 1,300 antes de la Corriente Era. Esta fecha es elegida como comienzo de la tradición cabalística por las concordancias históricas: la información de la biblia judeocristiana y las dinastías faraónicas. Esta biblia afirma que el éxodo judío de Egipto ocurre durante el reinado de Ramsés II. Los hallazgos arqueológicos muestran que este faraón vivió de 1298 - 1235 antes de la Corriente Era. Es en esta fecha donde se puede fijar la redacción del Tora, la ley hebrea. El Tora también es conocido como el Pentateuco o los Cinco Libros de Moisés, los primeros cinco libros de la Biblia judía y cristiana.

A pesar de su antigüedad, la cábala como la conocemos hoy día no toma forma en esta época. Es más tarde, en la Academia de *Yabne*, donde la tradición recibida verdaderamente se codifica en un conocimiento sistematizado. En esta Academia los sabios toman los ejercicios y dogmas desarrollados por el misticismo del Mase *Merkabah*. En las prácticas referentes a los Relatos del Carro el discípulo buscaba experimentar directamente la realidad divina. Esto se lograba gracias a largos periodos de meditación, la utilización de imágenes y la repetición de palabras o frases de poder.

Más adelante, para el Siglo II CE, un rabino, que algún momento perteneció a la Academia de Yabne, toma los conocimientos de esta Academia y de las tradiciones de la Merkabah y las fusiona. De esa manera contribuyendo a la unión de las tradiciones antiguas con las que en ese momento eran modernas. Escribiendo uno de los textos básicos para los estudios de la cábala, el *Sefer Yetzirah*. El libro o rollo de la Creación o de la Formación (*sefer*, puede ser traducido literalmente como rollo o libremente como libro). En este se explica cómo dios realizó la creación utilizando las letras hebreas con un fundamento casi matemático en la representación de las mismas. Además se presentan los conceptos de emanaciones y senderos de la manera codificada que utilizamos hoy día. Es aquí donde se establece el fundamente de lo que más tarde se convertiría en el icono más reconocido de la cábala el Árbol de la Vida.

Es importante aclarar que existen varias versiones del *Sefer Yetzirah*. Su contenido no varía en temática. Lo que varía es cuan extenso es. Existen versiones donde unas 1,200 palabras lo componen y otras donde hasta unas 6,000 palabras lo completan. Todas estas versiones fueron editadas por diferentes escuelas cabalísticas para su uso.

Es Rabí Akiba quien muestra como a través de las combinaciones del abecedario hebreo dios realiza la creación y ordenación del universo. Explicando que las emanaciones son sólo diferentes aspectos de dios. Los cuales pueden y deben ser estudiados para acércanos a él. Pero recalcándole a los cabalistas la importancia de no separa lo divino de lo cotidiano.

Luego, durante los 1,200 C.E., un rabino nacido en León, España, redacta (o descubre) el texto más importante para los estudios cabalistas. Luego de varios años de viajes y estudios, Moses de León retorna a Castilla. Allí se dedica a escribir su voluminosa obra. El *Sefer ha Zohar* se convierte en un testamento de lo que fueron sus experiencias meditativas, es un mapa mediante el cual se podía acercarse a dios.

Posteriormente cabalistas españoles, judíos y francés contribuyen a la evolución del cuerpo de enseñanza y tradición de la cábala. De los más destacados se encuentran Abuliafa, Luria, Moses de Cordovero y Baal HaSulam. Entre otros, estos estudiantes de la cábala merecen ser mencionados por su contribución a los estudios de la cábala: Levi, Encausse, Westcot, Mathers y Crowley.

Sabios judíos contemporáneos como Gershom Scholem, Yehuda Ashlag y Aryeth Kaplan se han dedicado a la escritura y publicación de textos referentes a la cábala. En la actualidad la cábala ya no sólo es estudiada por los rabinos judíos, sino que también por los no-judíos y las mujeres. Ejemplo de esto lo son los autores contemporáneos DuQuette, Bonner y Laitman, entre muchos otros. Donde estos logran explicar la cábala no sólo a seguidores de la Ley Mosaica, sino también a aquellos que tan sólo quieren retornar a dios.

Qué es la Cábala según Crowley
777y otros escritos cabalista

1. Un lenguaje ajustado para describir ciertas clases de fenómenos, y para expresar ciertas clases de ideas las cuales se escapan de la fraseología regular [...]
2. Una terminología no-sectaria y elástica mediante la cual es posible igualar los procesos mentales de las personas aparentemente diversas debido a las restricciones impuestas en ellas por las peculiaridades de su expresión literaria [...]
3. Un sistema de símbolos el cual le permite a los pensadores formular sus ideas con completa precisión, y encontrar una simple expresión a pensamientos complejos, especialmente aquellos que previamente se han desconectado del orden de concepción [...]
4. Un instrumento para interpretar símbolos cuyo significado se ha vuelto oscuro, olvidado o incomprendido al establecer una conexión necesaria entre la esencia de las formas, sonidos, ideas simples (tal como números) y sus equivalentes espirituales, morales o intelectuales [...]
5. Un sistema de clasificación de ideas omniforme las cuales permitan a la mente aumentar su vocabulario de pensamientos y hechos mediante su organización y correlación [...]

6. Un instrumento para proceder de lo conocido a lo desconocido con principios similares a los de las matemáticas [...]

7. Un sistema de criterios mediante los cuales la verdad de las correspondencias pueden ser puesto a prueba con una visión crítica de nuevos descubrimientos a la luz de su coherencia con todo el cuerpo de verdad [...]

El Árbol de la Vida

Diez es el número del inefable *Sefirote*, diez y no nueve, diez y no once. Aprende esta sabiduría, y sé sabio en el entendimiento de la misma, investiga éstos números, y saca el conocimiento de ellos, arregla su diseño en su pureza, y pasa de él a su Creador sentado en su trono.

Sefer Yetzirah 1:4

Uno de los iconos más reconocidos de la cábala, después de los símbolos judíos de la Estrella de David y el *Menorah* (el candelabro de siete velas), lo es el *Ezt Hayin*, o Árbol de la Vida. Este es un pequeño grafo el cual se utiliza para ilustrar los diferentes aspectos de lo que es el ser humano y la divinidad. Este es para algunos un mapa para regresar a la misma.

Muchos pensarían que el Árbol de la Vida existió desde el principio de la tradición cabalística, pero esto no es así. Los fundamentos de lo que sería eventualmente el Árbol de la Vida se

encuentran en el texto cabalístico de Rabí Akiva, el *Sefer Yetzirah*.
Aquí se comienza a explicar la manera en que realiza la creación. Más
importante, en relación al Árbol de la Vida, es aquí donde se habla de
las emanaciones, los senderos y la manera en que el abecedario es
utilizado por la divinidad.

Es Haim Vital quien desarrolla plenamente este concepto en su
obra titulada el Árbol de la Vida. Originalmente la representación
gráfica del concepto de las emanaciones divinas eran círculos
concéntricos. Uno dentro del otro. Donde el creador se encontraba
en el centro y con cada circulo se representaba una emanación
diferente la cual el ser humano, quien estaba en al círculo más alejado
del creador, tenía que contemplar y descifrar.

Por otro lado, en el mundo europeo, las primeras
representaciones gráficas del árbol son realizadas por pintores y
grabadistas de la edad media. La iconografía del árbol no es exclusiva
de los cabalistas. Podemos encontrar referencias al árbol en casi todas
las religiones del mundo. Algunos ejemplos son: en la mitología
nórdica existe el árbol místico *Yggdrasil*; Siddhartha Guatana logró su
estado de buda sentado bajo un árbol; Mitras fue crucificado en un
árbol; en la representación del universo la tribu Mapuche utiliza un
árbol; y para finalizar nuestros ejemplos Jesús el Cristo fue
crucificado en una cruz de madera. Estos artistas presentaban
imágenes literales de un árbol en el cual se encontraba el secreto de la
vida eterna y el conocimiento del bien y el mal (Génesis 2:8-9, 17;
3:22-24).

Más adelante, hacia los 1400, se comienza a desarrollar el grafo que reconocemos hoy. Otros místicos han utilizado diversos iconos para poder representar las emanaciones y los senderos. Entre estos se encuentra el uso del *Menorah* y el Caduceo de Mercurio.

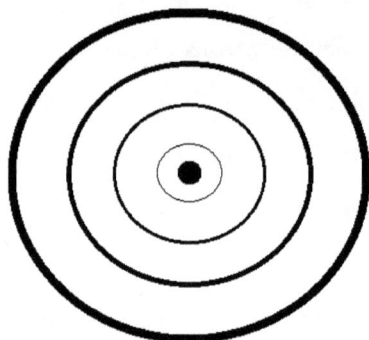

En su construcción el árbol de la vida se divide principalmente en 32 Caminos a la Sabiduría. También se podría argumentar que no se podrían contar las partes, dentro de cada *sefira* existe un árbol de la vida dentro del cual existe otra, así sucesivamente ad infinitum. Dicen las leyendas que a través de la espada flamígera dios creó, otras que fue su palabra con la combinación de las letras hebreas y sus vibraciones con las que realizó la creación. Independientemente de lo que nos digan las leyendas o dogmas, el grafo del Árbol de la Vida intenta explicar las teorías judío-cristianas de la creación y como regresar a lo divino. A la vez que se explica la composición del ser humano como microcosmos y de lo divino como macrocosmos.

La parte superior del Árbol de la Vida no es la emanación más alta, sino un lugar en el cual reside lo divino mismo. Son tres velos incognoscibles, en orden descendente *Ain*, *Ain Sof* y *Ain Sof Aur*, un lugar en el cual el nada absoluto reside. Este es el lugar al cual los cabalistas, y tal vez del mismo modo la mayoría de las religiones, pretenden llegar. Pero para trazarlo existe el Árbol de la Vida.

Para llegar a donde se quiere llegar existe una seria de emanaciones y senderos los cuales llevan a la meta. Un aspecto que muchas veces es, o quiere, ser olvidado es que existen "árboles de la vida" mediantes los cuales se puede utilizar para lograr el realización negativa (esto en relación a un polo positivo, no un juicio valorativo), un mapa para poder viajar hacia y por los inframundos. Los *qlipos* son esos cascarones vacíos que conforman el *Sitra Ahra*, el árbol de la vida inverso.

Cada emanación o *sefira* corresponde a un aspecto específico de lo divino y por destilación del ser humano. Se comienza desde abajo por el reino, fundamento, esplendor, victoria, belleza, misericordia, severidad, comprensión, sabiduría y la corona. Para poder unir las emanaciones se utilizan las letras del abecedario hebreo. Las veintidós letras se utilizan para crear uno puentes entre cada una de ellas. Es importante destacar que existe una no-*sefira*. *Da'at* es la *sefira* que corresponde al conocimiento. Esta se sitúa en el gran abismo que se encuentra entre las triadas superiores. Es un aspecto el cual está implícito o escondido en el Árbol de la Vida. El *Sefer Yetzirah* dice que sólo existen diez *sefiras*. Sin embargo existe o podríamos decir que no-existe. Ésta es un producto accidental de lo que es el caminar por los senderos místicos: el conocimiento.

Cuando comenzamos a trabajar con el Árbol de la Vida tenemos que agrupar el ya fragmentado conocimiento que en él se encierra. Uno de los supuestos de la cábala es que el ser humano no puede conocer o enfrentarse a la divinidad misma. Su luz es demasiado pura y destruiría, metafóricamente hablando, al ser que la contemple. Es por eso que la luz se opacada al alejarse de lo divinal para que el ser humano la pueda observar, aprender y prepararse. Las principales divisiones se refieren a las diferentes características que se pueden describir al unir los diferentes aspectos. Podemos identificar tres grandes maneras con las cuales podemos comenzar a trabajar con el Árbol de la Vida.

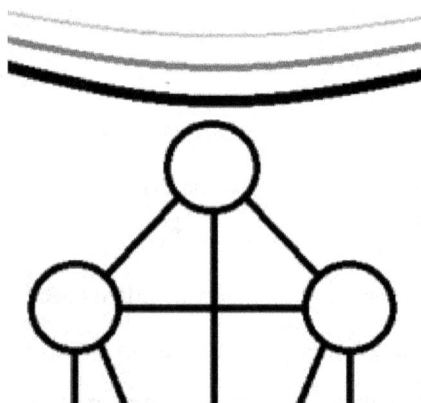

La primera que mencionaremos es el trabajar verticalmente con las emanaciones. Se le llama Las Columnas o Pilares. Cada columna toma su nombre en relación a la posición que tiene basada una con la otra. La columna del medio representa Sendero del Balance. Esta Columna representa el balance necesario entre las otras dos columnas. En su aplicación el Sendero de la Izquierda representa severidad absoluta y el Sendero de la Derecha Misericordia absoluta. Dentro de esta tradición, y en otras, en la presente existencia no existe nadie que sea tan perverso para merecer la severidad absoluta, de igual manera no existe nadie tan puro para merecer la misericordia absoluta. La columna del medio sirve para darle en su justa medida lo que el ser humano se merezca, tanto en castigo, dadiva o conocimiento.

Cada columna es una referencia a la manera en que nos comportamos o pretendemos trabajar para lograr el camino, el regreso, a lo divino. Una cuarta alternativa lo es el caminar por el sendero de la espada flamígera la cual va por cada una de las emanaciones. Esa pretende el re-trazar el camino de la creación hasta llegar a la misma divinidad.

Luego podemos trabajar con el Árbol de la Vida utilizando las triadas que forman. Son tres triadas las cuales corresponden a las cualidades o aspectos que se deben desarrollar. Estas tienen que ver con los aspectos éticos y morales de una vida espiritual en sociedad.

Finalmente otra manera de trabajar con el Árbol de la Vida es el utilizar los senderos que forman la unión de las letras hebreas al unir las emanaciones. Los senderos corresponden directamente al abecedario hebreo. Estas sirven como un puente entre las *sefiras*. Cada una de las letras trabaja construyendo combinaciones de los aspectos de lo divino. Mezclando los aspectos de cada *sefira* con las características propias de cada letra, creando un balance de las energías que en ellas reside.

Los trabajos sobre el Árbol de la Vida no son finitos. A cada cabalista o estudiante o caminante de los senderos místicos se le da una serie de herramientas para que pueda utilizarlas de tal manera que logre aquello que sea su meta. Recuerden que la experiencia cabalística es tan personal y distinta como interpretación que el individuo pueda hacer.

Un Coda: De Qlipos

Uno de los grandes tabúes en el estudio de la cábala son las esferas rotas o vacías. Los *qlipos* son etas *sefiras* en las que la energías negativas residen (en el sentido de la diada de energía positiva/negativa). Muy pocos autores tratan de este tema. Gershon Sholem las explica (desde el punto de vista académico) y Thomas Karlsson las ha estudiado y aplicado a la magia ritual. Este temor se justifica con la identificación de los *qlipos* con la magia negra, los demonios y, con una transculturización, identificarlos con el infierno.

Una Tarde con Moses

-Estoy cansado.

Murmuró Fadrique. Los pasados dos días navegando por el Guadalquivir le ha dado un descanso y a su caballo. Pero la cabalgata desde Cádiz hasta Sevilla y luego hasta encontrar un puerto con transportación adecuada por el Guadalquivir, lo dejó exhausto. Pero su cansancio se remonta al largo viaje desde Nueva España y a los años de lucha defendiendo el estandarte de la Cruz de Borgoña.

-Ya estamos en casa… aunque sea por unas horas.

Le comentó a su caballo mientras acariciaba su melena. El único amigo constate en sus correrías por un Nuevo Mundo había sido ese caballo andaluz que le regalo su tío. Durante un tiempo utilizó los servicios de un paje. Un muchacho sevillano cuyo nombre no podía recordar. Sin embargo, luego que ese paje murió en batalla, Fadrique decidió, jamás utilizar los servicios de muchacho algún en sus campañas.

Aunque Fadrique llamara a Córdoba su hogar, su camino no terminaría hasta que llegara a Toledo y aceptara su nueva comisión del Rey. Si tal honor había podido esperar tantos años podrá esperar una o dos noches más. Además él no comentaría de su pequeña escapada a Córdoba.

Desde el Guadalquivir se podía divisar la catedral de Córdoba, lo cual le arranco una sonrisa y una rápida palpitación del su corazón. En las entrañas de esa catedral un inmenso bosque de columnas parecía un escondite para todos aquellos espíritus cordobeses que la construyeron. Que una nueva nave la plasmara como una catedral cristiana era tan sólo un testamento de la inestabilidad de las creencias religiosas, y la vanidad de monarcas, ya que esta catedral en algún momento fue una mezquita.

Cruzando por la tenue neblina de la mañana, su apresurado, pero distinguido, cabalgar por la judería lo hacía recordar la prohibición de ir sólo a los lugares donde no hubiesen verdaderos cristianos. Pero esa instrucción era difícil de seguir ya que en su visión de niño todos parecían ser iguales y departían como iguales en los mercados y plazas. Sólo los reyes y los papas, califas e imanes (y hasta rabinos) creían que la cuidad estaba claramente dividida. La realidad era que cristianos, moros y judíos convivían en paz, la mayoría del tiempo. Era cuando demagogos se aprovechaban del miedo que noches toledanas ocurrían.

-Saludos, caballero campeador… pasad.

Le dice de forma muy emocionada con cara sonriente y voz anciana. Fadrique sólo sonrió, él no era un caballero aun.

Fadrique había decidido visitar a su amigo Moses y en vez de visitar a su familia. Su amigo ya estaba muy anciano y a pesar que no debía existir mucha diferencia en sus edades Moses se veía más viejo, y distinguido. Luego de los saludos ambos se sentaron en el patio interior, una comodidad muy bien apreciada. El clima puede ser muy extremo durante el corto verano. La ornamentada fuente con las plantas y los ocasionales canticos pájaros son toda una bendición para un viajero.

Como de costumbre Moses agasajó con manjares a su visitador, sopa de ajos, ternera y mantecadas. Le da lo mejor de su casa a aquellos huéspedes que así lo merecen. Esto es tan sólo un aperitivo para lo que verdaderamente es importante de esta visita, su conversación. Por unos años Fadrique estudió con Moses ben Jacob Cordovero, todo un personaje digno de admiración. Un pensador y un verdadero filántropo, quien ha dedicado su obra a la ayuda de la humanidad, su único pecado, no ser cristiano en una nación en intoxicada en conquistas y reconquistas.

Su vida ha sido marcada por el constante estudio. La filosofía de Maimonides fue una fascinación que lo llevó a comisionar una copia de Moreh Nevuchim. Lo cual le costó un pequeña fortuna. Fue Moses quien alentó a Fadrique a leer el Kitab fasl al-maqal de Averroes.

El amor de Moses al conocimiento lo llevó a viajar a los lugares donde el conocimiento pudiera ser encontrado. Estudio con Maran, con los gnósticos de Burgos y los cabalistas de Genora. Pero era la opinión de Fadrique que lo más importante que había hecho para la humanidad fueron sus enseñanzas, las cuales ha escrito en unos rollos que los llama *Pardes Rimonim*.

Al entrar a la biblioteca Fadrique le comentó a Moses, -Haz acumulado más manuscritos desde la última vez que te visité. La contestación de Moses fue tan sólo una sonrisa. Como la sonrisa de un niño que ha recibido un halago. Esa sonrisa decía más, de lo que la luz de una pequeña lámpara de aceite podía revelar. Los manuscritos que se habían acumulado en la biblioteca de Moses no son de otros, sino los que él ha escrito. Su obra continúa creciendo.

Su obra cumbre el *Ohr Yakar* es todo un comentario sobre lo que es el esplendor del *Hashem* y la formación de la realidad. Es la síntesis del estudio de un sabio, aunque extensa, experiencia en su búsqueda de *Hashem*. Este libro encierra los secretos para lograr el retorno a la divinidad. Que podría ser más importante que para los hijos de Adán el volver al jardín del edén y estar en la presencia de *Hashem*.

-¿Por qué?

Le preguntó con gran insistencia Fadrique a su amigo. A lo que él sólo alza su mano en desaprobación de la misma.

-Por qué no haz de utilizar tu nombre, por qué no le dices al mundo que eres el autor de esta gran obra.

Desde que su obra comenzó a ser leída por los gentiles, Moses negó ser su autor, en vez sólo dejó al anonimato ser su autor. Fadrique nunca lo pudo entender.

-¿Que puede ser más importante que ayudar a otro?

Luego de un largo silencio le preguntó Fadrique.

-Si les dijera a los que no son mis estudiantes o a los que no son mis amigos que fui el autor de esta enseñanza, ¿Crees que ellos la estudiarían o la pondría en práctica?

Dejando el suficiente tiempo para que Fadrique pensara un poco en lo dicho continuó,

-o peor aún la denunciarían por ser las herejías de un viejo lunático.

Con la sencillez de la persona que ha vivido mucho le dijo a Fadrique,

-No mi amigo, lo verdaderamente importante es que aquellos quienes deseen regresar a *Hashem* lo hagan, mi nombre no es importante, sólo *Hashem*...

Fadrique no le pudo contestar, ni cuestionar los porqué de sus acciones. La conversación entre estos amigos continuó unas horas más, casi hasta el amanecer. Pronto Moses dejaría Córdoba para no regresar, las tierras de *Safed* le llamaban. Allí continuaría su obra y enseñando a sus numerosos discípulos. Cuando Fadrique se disponía a retirar de la casa de Moses la lámpara de aceite que le alumbraba el rostro a Moses estaba a punto de agotarse.

Al sol comenzaba su amanecer, el rocío comenzaba desaparecer, la hora de regresar al reino de la realidad, se le aproximaba a Fadrique. Era el momento de retomar el camino para presentar su ensangrentado estandarte en Toledo y tomar su puesto como un capitán de la corona... ya Fadrique no estaba tan cansado. Sólo le queda un pensamiento en su mente,

-Si sólo pudiera ver a mi amigo una vez más...

Telema

La Orden del Templo del Oriente traza su linaje místico a la Orden de los Pobres Caballeros de Cristo, también conocida la Orden de los Caballeros del Templo de Salomón. Pero esta no se identifica principalmente con la Orden Templaría en sus momentos de máximo esplendor, sino con los Caballeros que sobrevivieron la violenta disolución de la Orden Templaría a principio de los 1300's. Estos Caballeros se convirtieron en los recipientes de todo el conocimiento místico que la Orden Templaría había acumulado en su contacto con diferentes culturas.

Carl Kellner fue un místico, industrialista y químico alemán, quien entre otros intereses, era estudiante de rosacrucismo, masonería y misticismo oriental. Como otros grandes míticos de la historia Kellner viajó por el mundo, pero fue en un viaje al oriente cuando la perspectiva de Kellner cambia. En este viaje conoce a tres adeptos y entra en contacto con la organización a la que pertenecían. Es aquí donde es instruido profundamente en el misticismo oriental y magia sexual.

Regresando a Alemania con un nuevo conocimiento, se dedica a la fundación de la O.T.O. En un principio trabajo dentro de lo que llamó la Academia Masónica. Cuya razón original era que masones de diferentes ritos conocieran los ritos a los cuales no pertenecían. En un principio una organización exclusiva para masones de altos grados, para luego ser elevados a la membresía de la misma. Con la ayuda y negociaciones con místicos como Yanker, Hartmann, Klein y

Reuss se logra que, para 1902, la O.T.O. fuera una entidad independiente de las autoridades masónicas.

Con la independencia de una entidad única la O.T.O. desarrolla su propio currículo. El afirmar que se formarían masones no sería correcto. Ya no sólo sería una organización para los varones masones, sino que también admitirían a mujeres, los ritos eran una síntesis del conocimiento de estos místicos. Logrando de esta forma el dar la oportunidad de la iniciación a los misterios a la humanidad.

A la muerte de Kellner en 1905, es Reuss quien asume el liderato. A través de sus contactos en la comunidad mística europea Reuss logra expandir la O.T.O. al darle permiso a otros místicos para organizar logias de esta. Es también bajo el liderato de Reuss que se comienza a incorporar a la Iglesia Gnóstica dentro de la organización. Otro evento importante para el futuro de la O.T.O. es que en esa época Aleister Crowley es iniciado en los misterios de esta orden.

Como en la Aurora Dorada, Crowley avanza en los grados de la O.T.O. con suma rapidez. Hasta que eventualmente es nombrado Gran Maestro para Inglaterra. Convirtiéndose eventualmente en el representante y sucesor electo de Reuss. Es interesante que Reuss tomara con entusiasmo las ideas Telémicas impulsadas por Crowley, llegando al punto en que se le permite a Crowley revisar los rituales de la O.T.O. comenzando así un proceso de incluir los conceptos *telemitas* en los mismos.

Luego de un ataque cardiaco Reuss queda incapacitado para continuar con sus labores como figura principal de la O.T.O. Un evento que causó controversia y consternación es que Crowley fue nombrado (otros dicen que fue una usurpación) como el dirigente máximo de la orden. Lo cual causa que algunos de sus miembros abandonen la misma.

Bajo Crowley la O.T.O. termina su proceso de Telemización aceptando los libros escritos por éste como sagrados. Se logra que la orden se expanda por el mundo occidental. Gracias en parte a los constantes viajes de Crowley. Se establecen organismos afiliados en las principales ciudades europeas y estadounidenses. Además se establecen contratos con casas de impresión para la publicación del material producido por los miembros de la O.T.O. y su nuevo dirigente.

En 1947 Crowley muere y su heredero asume el control de la O.T.O. Germer prácticamente cesa todo trabajo iniciático. Se dejan de iniciar a nuevos miembros y muchos de los organismos afiliados a la orden son cerrados. Para Germer era más importante solidificar las relaciones que existían. Además de la diligente publicación de los trabajos de Crowley.

Cuando Germer muere en el 1962 este no deja a un heredero designado. En un escrito el cual no se pudo corroborar su autenticidad, este divide a la O.T.O. entre los líderes de la misma. Esto causa un gran caos en la orden sin mencionar todos los que pretendían el liderato y las propiedades. Siendo el visionario que fue, previniendo que algo como esto sucediera, Crowley se encargó de darle a McMurtry los poderes necesarios para que este asumiese la dirección de la O.T.O. en el caso en que esta estuviese en peligro.

Invocando la autorización dada por Crowley, McMurtry asume la dirección de la O.T.O. Sistemáticamente reactiva a los organismos afiliados, comienza a iniciar a nuevo candidatos y elimina a los que pretendían la dirección de la orden. La batalla por la misma culmina en 1985 cuando las cortes de California, basándose en los documentos dados a McMurtry por Crowley, le otorgaron todos los derechos legales de la O.T.O. y el legado de Crowley.

En 1985 la labor de McMurtry culminó, sin saber que había ganado la batalla legal, éste muere. Pero el trabajo continúa. Como sus predecesores Hymenaeus Beta continua liderando a la Orden del Templo del Oriente expandiéndola tanto en conocimiento como en matricula.

El Maestro Therion

En el seno de una familia fundamentalmente cristiana, o mejor expresado cristiana fundamentalista nace Edward Alexander Crowley. Alec, como era llamado por su familia, era el hijo de Emily Bishop y Edward Crowley, un destilador de alcohol cuya familia llevaba en el negocio del alcohol más de 200 años. A los 26 años la fortuna de Edward Crowley era lo suficientemente cuantiosa como para dedicarse principalmente a "predicar la palabra del Señor Jesucristo".

De un momento de epifanía en su adolescencia, Edward Crowley se había convertido en un cuáquero. Esto sucedió luego que la sirvienta del hogar de sus padres le dijera que es lo que sucede, según su dogma, con las almas que no se convierten a Cristo. Emily y Edward se conocieron por ser miembros de la misma congregación.

Cuando Alec nace, los Crowley vivían en Lemmington Spa. Un sector campestre muy exclusivo y visitado principalmente por la burguesía inglesa. Alec es principalmente instruido en su hogar por tutores y devotos de la secta a la que pertenecían sus padres. Su madre se encarga de su instrucción cristiana.

Luego de la muerte de su padre Alec queda bajo la tutoría de su tío. Quien, aparentemente, era merecedor de su desprecio por las dedicatorias y personajes que Alec escribiría en el futuro. Este se convirtió en una figura que encarnaba todas las características de un fanático religioso. Alec disfrutaba el poder citar pasajes de la biblia cristiana para mofarse de él.

La muerte de su esposo impulsa a Emily a tomar con más fervor su religión. Para ella su labor dentro de la secta era la continuación del trabajo de su esposo. Pero no todo transcurre con normalidad. Los líderes no pueden ponerse de acuerdo en aspectos de administración y dogma, lo cual causa divisiones. Para Alec era inconcebible que personas que en algún momento eran como su familia y dignas del reino del señor, por no estar de acuerdo con la administración, ahora no pudiera compartir con ellos y fueran apostatas de la obra de dios.

Alec asume el nombre de Aleister cuando llega a su adultez temprana.

Identificándose con su herencia irlandesa asume la versión gaélica de su nombre. Aleister estudia en el Trinity College de Cambridge. Aquí es introducido a todo un mundo diferente al cual estaba acostumbrado. Es en el Trinity College donde tiene la libertad de experimental el mundo. Conoce lo que es el ocultismo práctico, le da rienda suelta a sus talentos literarios y experimenta con la bisexualidad.

A la vez que se desarrollaba en la universidad, una pasión por un deporte se cristalizaba en Aleister. El escalar montañas era más que un deporte, era una afición muy simbólica de su vida. A pesar de no ser reconocido oficialmente por otros alpinistas Aleister persevera. Como alpinista Aleister viajo por el mundo, llegando a establecer marcas mundiales en acenso y el pionero en otras montañas. Es a través de este deporte que conoce a quienes serían sus amigos, mentores y maestros en ocultismo.

Eckerstein era un alpinista veterano cuando conoce a Aleister. De inmediato forman un equipo de alpinistas para conquistar las escaladas más peligrosas que sus contemporáneos consideran imposibles o suicidas. Pero más importante para el futuro de Aleister era que Eckerstein tenía conexiones con maestros del ocultismo. Eckerstein logra que Baker introduzca a Aleister a iniciados en escuelas ocultistas. Eventualmente conoce a Bennett, uno de los primeros occidentales en convertirse en un monje budista en el oriente. Es a través de su amistad con Eckerstein, Naker y Bennett que Aleister conoce a la Aurora Dorada y a Magregor Mathers.

Casi de inmediato ambos ocultistas sintieron una gran afinidad el uno por el otro. Es irónico que años más tarde terminaran detestándose, Magregor expulsaría a Aleister y este proclamaría que Magregor había perdido el contacto con los Maestros Secretos.

Aleister toma los estudios de la Aurora Dorada con gran diligencia. Logrando altos grados dentro de la Aurora Dorada en poco tiempo. Su participación en la Aurora Dorada se convierte en un punto determinante para Aleister, es aquí donde obtiene todo un fundamento de lo que sería su escuela de ocultismo.

Luego de su "trance de angustia" se da cuenta que todas las metas terrenales son inconsecuentes. Prácticamente abandona toda meta terrenal y se dedica a la búsqueda espiritual. Su devoción y disciplina fue una que lo aparto de otros. Pero fue esa devoción lo que lo llevo a desilusionarse con una vida espiritual. De ahí que llegara a la conclusión que una vida espiritual no puede ser la negación de una naturaleza humana. Para lograr la autorrealización no es necesario el negarse a sí mismo.

Para cuando Aleister contrae matrimonio con Rose Kelly había suspendido todo trabajo espiritual. Había adquirido la mansión Bolenskine cerca del lago Ness en Escocia. Allí se dedicaba a escribir, y utilizando la fortuna que había heredado de sus padres, a publicar sus obras. Como luna de miel toma a su nueva esposa y la lleva a viajar por los países del medio oriente con a la intención de llegar hasta China y visitar a su mentor Allan Bennett. Pero el viaje se no se completa.

Cuando Aleister es informado que Rose está preñada regresa a Cairo. Allí se establecen bajo pseudónimos. Estando en Cairo, luego de una invocación *goetica* realizada por Aleister, Rose comienza a canalizar una entidad extra-humana. De una manera muy mística y profética Aleister recibe el Libro de la Ley.

Regresando a Europa Aleister retoma con gran fervor el trabajo espiritual. Esta vez utilizando a la Orden del Templo del Oriente como trampolín para difundir el mensaje de una nueva era. Asumiendo el liderazgo de la O.T.O. Aleister convierte a esa orden en un vehículo para la difusión de una nueva ley... Telema. La O.T.O. logra atraer a adeptos para trabajar en el mensaje de un nuevo profeta.

Tal vez inspirado por Rabelais, en la isla de Cefalu, en una Italia fascista, Aleister establece el Monasterio de Telema. Un lugar dedicado al desarrollo de la Gran Obra. Aquí miembros de la O.T.O. llegarían para ser adiestrado y entrenados en el ocultismo de la Orden. En el cual se instruía a sus residentes en la magia, experimentación de la magia sexual y drogas. Era un monasterio para la realización del ser humano bajo la Ley de Telema. El momento y el lugar donde Aleister decidió establecer el Monasterio de Telema se podrá argumentar errado. Las enseñanzas dadas en el Monasterio, más la muerte de un estudiante, quien no siguió las instrucciones de Aleister, logró que este fuera expulsado de Italia y que la prensa británica lo vilificara.

En la tierra del libre y el valiente, en los Estados unidos de América, las enseñanzas telémicas toman un fuerte asiento. Aleister viaja a EE.UU. a para enseñar a los miembros de la O.T.O. Su estadía en América sólo duro años, pero puede ser catalogada como un éxito. Logias de la O.T.O. se fortalecen. Inclusive después de la partida de Aleister a Europa, los miembros de la orden trataron constantemente, pero sin éxito, de volver a traer a Aleister a EE.UU., para que este se residiera allí. Por demás está decir que Aleister nunca volvió.

Una vez en Inglaterra, Aleister se dedica a escribir y a buscar un "hijo mágico" para que lo sucediera en la dirección de la O.T.O. En sus últimos años los problemas respiratorios plagaron su salud. En esta época era común el recetar heroína para aliviar los síntomas de los problemas de salud de Aleister. Es en esta época que Aleister redacta dos de sus obras importantes, tanto en profundidad como en impacto para las escuelas ocultistas. Magia sin Lágrimas es un tratado donde se explica la mayoría de los teoremas de la Gran Obra. Mientras que el Libro de Toth es uno de los tarot que mejor se han diseñado. En dicho libro se encuentran explicaciones sobre el tarot que hasta el momento ningún otro autor ha podido superar.

En 1947 Aleister logra su más grande iniciación. En Hastings, donde vivió sus últimos días en un cómodo hospedaje, ocurre su muerte. La cual sucede por causas naturales en la tranquilidad y soledad de su habitación. En los días precedentes a su muerte, amigos y familiares lo visitaban, inclusive tuvo la oportunidad de ver su hijo. Su cuerpo fue cremado luego de una ceremonia privada en donde participaron sus amistades y familiares más cercanos. La presa amarillista abordo a los asistentes al funeral para tratar de obtener alguna información. A lo cual uno de los asistentes les advirtió, "cuidado con lo que escriba, Crowley les podría atacar donde quiera que este".

Liber Al

La mejor forma para que el laico se acerque a este Libro es considerarlo como una carta escrita directa a él. A pesar de que no pueda entender algunas partes de la carta, él está seguro de encontrar otras secciones que inequívocamente están dirigidas, en un sentido muy personal, a él.

Wilkinson, La Ley es para Todos

Liber Al vel Legis o el Libro de la Ley es la proclamación del comienzo de una nueva era en la humanidad y el establecimiento de una nueva ley. La ley de ΘΕΛΗΜΑ. Para los telémitas este es un libro sagrado transcrito de una divinidad. Si hacemos una comparación el Liber AL es para los telémitas lo que el Tora es para los judíos, el Corán para los islámicos o el Nuevo Testamento para los cristianos.

En 1903 Crowley se casa con Rose Edith Kelly. La hermana de uno de sus amigos. Ella no deseaba casarse en un matrimonio arreglado por conveniencia. En principio el matrimonio era tan sólo una treta, ya que Crowley no tenía la intención de vivir en matrimonio con Rose Kelly. Pero, para aplacar la furia de la familia Kelly y los chismes de la comunidad, el nuevo matrimonio viaja a Escocia simulando una luna de miel. Al final de la cual ambos se enamoran.

Crowley, siendo un hombre de mundo, esperaba que su esposa fuera una mujer de mundo. Por eso comenzó a viajar con ella a lugares exóticos en una verdadera luna de miel. El viaje que Crowley diseñó los llevaría desde el Medio Oriente hasta la China. Pero los planes cambiaron al Rose Kelly quedar preñada. Se decide regresar y radicarse en el Cairo por tener un clima apropiado.

Durante su viaje Crowley hacia todo lo posible para impresionar a su nueva esposa. Por ejemplo, en Paris le mostró a Rose los lugares donde había conocido a celebridades y amistades. En Cairo Crowley hizo los arreglos necesarios para que cenaran en la Gran Pirámide y luego tuvieran acceso a la Recamara del Faraón. Allí Crowley efectuó la Invocación Preliminar del Goetica.

En la habitación que había rentado en Cairo, Crowley comenzó a realizar un trabajo mágico. Quería mostrarle los silfos a su esposa. Durante el trabajo Rose comenzó a canalizar un mensaje, "Te están esperando, es sobre el niño, sobre Osiris". Crowley continúo su trabajo mágico. Pero en el tercer día de la conjuración Rose dijo "aquel que espera es Horus", lo cual cautivo la atención de Crowley.

Rose no había tenido una educación en magia o egiptología, inclusive no había mostrado algún interés en el misticismo. Crowley le hizo una serie de preguntas técnicas sobre el dios Horus, las cuales pudo contestar. La prueba final que Crowley requirió de Rose fue identificar una imagen de Horus. Ambos visitan al museo Boulak, Rose pasa por varias imágenes de Horus, pero eligió una estela funeraria de un sacerdote tebano de la dinastía XXV con una imagen poco común de Horus. Para Crowley fue curioso que el número de catálogo asignado por el museo fuera 666.

Convencido Crowley comenzó a las preparaciones para recibir la comunicación del dios Horus. En marzo realizó una ceremonia preparatoria según las instrucciones comunicadas y el 7 de abril Rose comunicó las instrucciones finales. Durante los próximos tres días al medio día, Crowley se retiraría a su habitación para recibir la comunicación. En los días 8, 9 y 10 de abril de 1904 e.v. Crowley recibe el Libro de la Ley de una entidad extra-humana, un ministro de *Hoor-paar-kraat*.

El proceso de la recepción del Libro de la Ley fue uno en el cual Crowley era tan sólo un escriba. Mientras Rose se encontraba en un estado parecido a un trance una entidad se personó en la habitación. A las espaldas de Crowley, en una esquina de la habitación de manera autoritaria la entidad transmitió el mensaje. Posteriormente Crowley identificaría a esta entidad extra-humana, *Aiwass*, como su Sagrado Ángel Guardián.

Para Crowley el Libro de la Ley fue uno muy antipático. El cual era más una maldición que una bendición. La recepción del Libro de la Ley implicaba una serie de responsabilidades (entre otras la diseminación y explicación del mensaje) las cuales probablemente Crowley a ese momento no quería asumir. Ya que el Libro de la Ley es una proclamación de lo que será la Nueva Era. Donde el culto a los dioses que mueren no serán válidos (o necesarios) y el hijo de las dos eras anteriores nace, se desarrolla y llega a la maduración.

El Libro de la Ley proclama la ley del amor y la libertad para todos. Donde cada hombre y cada mujer es un estrella con la única responsabilidad bajo la Ley de hacer su verdadera Voluntad. Bajo los preceptos de que la Ley es amor y se tiene que amar bajo la verdadera Voluntad. Esta es la esencia del mensaje dado al profeta *Ankh-af-na-Khonsu*, el sacerdote de príncipes, el Maestro Therion.

Humano-Animal

La sustancia del Tierdrama es la admisión de la herencia cuádruple del ser humano. El propósito de la ceremonia es el regreso voluntario de los participantes a un nivel animal, asumiendo las características animales de honestidad, pureza y una aumentada percepción sensorial.

Anton LaVey, The Satanic Rituals

I

Un axioma olvidado es que el ser humano es un animal. Y en ocasiones, por su comportamiento, se podría decir que es una bestia. En su arrogancia, la cual se basa en un error de percepción sobre su evolución, se le olvida su condición de animal y se cree mejor que los animales de cuatro patas y los que tienen alas.

Gracias a su estado de animal intelectual, el ser humano tiene la capacidad de definir a su conveniencia los conceptos que explican su mundo físico. Dejando las definiciones científicas a un lado, este define lo animal con adjetivos tales como irracional, grosero, incapaz o muy ignorante. Obviamente el ser humano no se considera un animal ya que no utilizaría esas palabras para identificarse.

Tampoco el ser humano se considera una bestia. De igual manera se utilizan adjetivos poco honrosos para describir lo que es una bestia. Muchas veces se olvida que sólo un animal de la especial humana puede cometer actos que lo llevan a ser una bestia. Han sido los individuos más exaltados de las sociedades los cuales han cometido los actos más barbáricos contra otros miembros de su sociedad, evento sin paralelo en un mundo animal.

La conducta animal ha interesado a estudiosos desde que estos han tenido el tiempo para pensar. Filósofos como Platón y Aristóteles se maravillaban al observar como animales podían ejecutar complejas tareas sin un verdadero aprendizaje sistematizado, como el necesitado por los humanos. Echando a un lado las explicaciones místicas, este comportamiento sea intentado explicar mediante un proceso de conductismo, acciones innatas e impulsos.

Por un lado se cree que los animales actúan por lo que ha estos se le ha entrenado a ejecutar o han aprendido durante su vida. Por otro parte se sostiene que el comportamiento animal es uno innato a ellos. Estos son el resultado de los instintos que los animales tienen gravado en sus genes. Mientras que el impulso, el motivo afectivo que obliga a una acción sin reflexionar, es otra manera para intentar explicar las conductas animales. Ninguna de las tres teorías en relación al comportamiento animal lo justifica plenamente.

El ser humano como animal domesticado tiende a olvidar su posición en el ecosistema al cual pertenece. Su voluntario exilio del mundo natural a una jungla de ladrillos y metal lo hace olvidar sus instintos e impulsos. Utilizando como fundamento para justificar su comportamiento un condicionamiento pseudo-lógico para efectuar y explicar sus acciones.

Friedrich Nietzsche, en su obra Así Hablo Zaratustra, afirma que el ser humano sólo evolucionará hacia su propia divinidad cuando tome el primer paso de identificarse con las bestias de la tierra que habita. La ceremonia Das Tierdrama, se traduce ligeramente como Un Drama Animal, captura este pre requisito hermosamente, al requerirles a los participantes el identificarse plenamente con los animales y a los celebrantes el tomar las características de estos.

Los origines filosóficos y psicológicos de esta ceremonia se remontan las parábolas de Æsopo. Estas parábolas se centran en los animales. Las cuales formaron parte de la cultura literaria de los pueblos grecos y europeos. El poeta latino Fredo reescribe muchas de estas parábolas para el mundo romano.

Dice la leyenda que el Das Tierdrama, dice la leyenda que esta ceremonia fue realizada originalmente por Adam Weishaupt en 1776 en Alemania. Donde se afirma, pero no se puede confirmar, que tiene su origen en prácticas francmasónicas. Otras versiones que se han encontrada es la de Dieter Hertel en 1781, con un manuscrito que data de 1887. Porciones del Tierdrama pueden ser encontradas en la obra de H.G. Wells, The Island of Dr. Moreau.

II

Históricamente han existido individuos que no han olvidado sus raíces animales, tanto en las artes como en las ciencias ocultas. En el arte se esconde la realidad olvidada por las masas, que por su divina evolución lo único que logran es convertirse en las bestias más crueles de la tierra.

Cuando se observa detenidamente el haber histórico de los seres humanos son aquellos que más alto han llegado en su evolución como individuos los que a un nivel más bajo pueden descender. Únicamente ese individuo superior es el que está dispuesto a recorrer el camino completo cuando la oportunidad se presenta. "Aquel que no se ha elevado lo suficiente de un estado animal encuentra muy temeroso el sumergirse más bajo de lo que su limitada evolución le ha permitido subir".

Para lograr una transición de un ser humano a un animal se requiere la plena conciencia de un deseo para lograrlo. Potencialmente todo ser humano puede adquirir las características de un animal. "Dadas las circunstancias emocionales precisas al individuo todo comportamiento lógico-conductual se regresa a uno instintivo e innato".

Los principales centros emocionales del ser humano tienen que ser estimulados para que una verdadera transformación ocurra. Estas son en orden de importancia: el sexo como impulso principal de perpetuación y sobre vivencia; el sentimentalismo como fuente de impulsos emocionales-sociales; y, la fascinación fuente de la curiosidad y duda que lleva a una búsqueda de nuevas emociones y conocimiento. Esto se puede lograr mediante la voluntad del individuo o el uso de agentes exógenos a este. El lograr altos niveles de adrenalina mediante la exaltación de los sentidos es muy recomendado.

La energía psicosexual, como así explicada por los teóricos psicodinámicos, que se libera de los centros emocionales impregnan no sólo los lugares donde se libera, sino, también al individuo que la libera. El comportamiento del ser humano es explicado como una interacción del Yo-Ego-Súper Ego. En el cual motivaciones tienen un origen, primordialmente, en las necesidades sexuales del ser humano. Pero sexual no se limita el contacto de órganos erógenos, sino a una interacción de necesidades de sobre vivencia, perpetuación y realización.

La liberación de energías de debilidad o poder infunden al individuo con esta. En años resientes se ha descubiertos altos niveles de testosterona en peleadores profesionales luego de una victoria y bajos niveles de testosterona en peleadores que han perdido sus peleas. Siguiendo en esta línea un lugar donde ocurren actos violentos se impregnan con la agresividad del victimario y el temor de las víctimas. Estos lugares y personas atraerán a ellos las mismas energías que despiden y se impregnan con ellas.

Se ha dicho que "para poder ser un agresor primero se tiene que exorcizar las tendencias victimarias de un individuo". La liberación de energía antes mencionada, si se hace de una manera consciente, puede, ayudar a un proceso de descarga de emociones que harían de un agresor una víctima. Esto requiere un trabajo consciente sobre que energías emocionales se desean extirpar del ser.

A un nivel físico-material es necesario que el individuo que busca su transformación a un animal tome las características del animal al cual desea emular. "Inhibidos movimientos y sonidos deben ser ejecutados, sin las restricciones que un pretencioso pensamiento exaltado pueda crear". Este imitativo comportamiento logra preparar el ambiente para que las energías antes mencionadas sean liberadas. Además de una liberación psicología de las ataduras sociales que se esperan de una ente pseudo-superior.

Es importante recordar que los animales en su estado natural no se comportan como los animales domesticados. "Las características que se asumen tienen que ser la de un animal en su estado natural como es encuentra en su hábitat". Tales características se tienen que asumir voluntariamente y con extrema anticipación al hecho.

Dentro de una práctica mágica el reconocimiento del ser es imperativo. La honestidad que se destila del auto conocimiento es importante para poder dilucidar los deseos al realizar algún trabajo mágico. La pureza del animal permite la capacidad de vislumbrar las intenciones de aquellos que se nos acercan. "Una percepción sensorial aumentada nos brinda un importante instrumento en la así llamada magia menor". Elementos que de otra manera están escondidos a la mirada del ser humano común ahora son evidentes. Señales en la naturaleza que rodea podrán ser apreciadas por lo que son y de estas la información, o advertencia, podrá ser descifrada.

Ese reconocimiento del ente animal en el humano se convierte en el primer paso de un sendero místico de auto realización. En el cual se reconoce al ser humano como la bestia que puede ser, pero más importante aún, se ve al ser humano en toda su humanidad.

Melekê Tawûs: El Rey Pavo Real

Salve a ustedes, Señores de la Tierra de la Vida, escuchen estas palabras porque soy como ustedes, quienes son primeros en el alma. Con ayuda divina ahora pretendo llamar de las oscuras profundidades de mi esfera de sensaciones al Ángel […] para obtener de ese Ángel el verdadero conocimiento de este mundo… Criatura de Sellos, purificada y consagrada, entra en la Vereda del Mal
Israel Regardie, The Golden Dawn

El teólogo francés Gerald Messaié ha afirmado que el certificado de nacimiento del Diablo fue complementado por un profeta iraní. Esta afirmación no ha de sorprender por que es en esta área geográfica, lo que comprende en la actualidad el medio oriente, el lugar donde las primeras religiones al servicio del estado fueron codificadas. Es en Mesopotamia, parte del antiguo imperio Persa que se extendía por la altiplanicie de Anatolia y la altiplanicie iraní, donde florecen las primeras civilizaciones del mundo.

En esta región surge por primera vez una religión que presenta a un Diablo contra un Dios, ambos con características únicas. En tiempo pre-zoroastriano ya era conocido que las religiones giraban alrededor de dos grupos principales de entidades sobre-naturales, los *ahuras* o deidades superiores y los *daevas* o deidades inferiores. Hasta entonces se desconocía de algún demonio o anti-dios de importancia comparable.

Zoroastro fue el profeta de la religión persa y fundador del zoroastrismo. Nació en el seno de una familia noble. Se cree que fue sacerdote y que desde la juventud empezó a recibir las revelaciones de *Ahura Mazda*. Sus conversaciones con esta divinidad, y sus dificultades para predicar, están recogidas en las *Gathas*, que forman parte de las escrituras sagradas llamadas Avesta.

Dice la leyenda que lucha con los sacerdotes de otros cultos, hasta que logra el apoyo del rey de *Chorasmia*. Con este apoyo, sus ideas religiosas se expanden y prohíbe las orgias que acompañaban los sacrificios persas a los dioses. Sin embargo mantuvo el culto al fuego. También prohibió los sacrificios a *Ahriman* y a las deidades relacionadas a él.

Luego de la reforma religiosa efectuada por el profeta Zoroastro la cual suplantó, transformó o sincretizó practicas del culto a *Ahura Mazda*, *Mithra* y *Anahita*, y practicas Vedas, se puede contemplar en Irán la primera aparición del Diablo. Fue Zoroastro quien convierte a *Ahriman* en la personificación del Diablo al crear la polarización que conocemos en la actualidad de Dios-Satán.

Este destacaba que existía un dios de la maldad llamado *Ahriman*, quien era el hermano de *Ahura Mazda*, dios del bien y su igual. Los cuales estaban destinados a combatirse durante la eternidad. En el origen *Ahriman* tenía características y funciones muy distintas a las del Diablo de concepción posterior.

Según la leyenda *Ahriman*, también llamada *Angra Mayu* el espíritu de la maldad, eligió el mal así convirtiéndose en el Dios del Mal. Así este comenzó a reclutar a antiguos dioses, en particular los

daevas; Indra, Saruva, Akoman, Tauru, Ashma, Az, Mithranduj, Jeh, Zairi.
Entre sus malévolos sirvientes están *Azaziel, Leviatán, Rahad* y *Lilith*.
Aquellos que lo adoran son los seguidores de la mentira, y son
llevados por los caminos de la no-verdad o *druj*.

Un punto muy significante en la creación del Diablo como ente
maligno es la atmósfera política que rodeaba la época de Zoroastro.
La conversión de reyes como Darío y Xerxes contribuye
grandemente a la formación de la religión zoroástrica. Ya que muchas
de las entidades sobre-naturales que se convirtieron en malévolos
fueron aquellos adorados por los opositores de Zoroastro o de sus
patrocinadores.

Lo cual crea un paradigma distinto al que se ha sostenido
durante mucho tiempo por las tradiciones judeo-cristiana-islámica: La
creación de Satán surge cerca del sigo sexto antes de la corriente era.
Siendo su invención sociológica una motivada por la necesidad
política de una época especifica.

Desde temprano en la evolución religiosa del ser humano se
puede percibir ese proceso de construir en 'malo' aquello que es
distinto o inconveniente a grupos de poder. Este será un patrón
repetitivo entre movimientos religiosos quienes tomarán las deidades
y creencias de los movimientos anteriores y los demonizarán, creando
una polarización de bien-mal. Siendo nuestras creencias las benignas
y las de ellos las malignas.

En la altiplanicie de Anatolia, en una franja comenzando en el
empalme mediterráneo de la actual Siria y Turquía, continuando hasta
los montes del Cáucaso, se encuentra lo que antiguamente fue lo

poblado por los Yezidi. Los Yezidi son un pueblo de estirpe Kurda y Arábiga quienes favorecen la vida en las zonas montañosas. En la actualidad los principales asentamientos de esta raza se encuentran en el norte de Irak. Aunque sus corrientes migratorias los han llevado a Irán, Armenia, Turquía y Yemen. Otros para escapar la persecución religiosa del medio oriente (ejemplo de esto es la limpieza étnica efectuada en Irak por Saddam Husein en los 1990) se han trasladado a Alemania.

Se ha sugerido que la palabra Yezidi (formas alternas: Yazidi, Azidi, Izdi o Ê-Zî-Dî) surge de la palabra *Yazdan*, una palabra del antiguo persa que significa Dios. Por otro lado en el lenguaje sumerio esta palabra significa aquellos que siguen el camino correcto. También se presenta al asesino de Hossein, Yezid ibn Mo'auriya, como originario del nombre (siendo esto otra justificación para la persecución de los Yezidi, el Libelo de Sangre).

Los Yezidi creen en la existencia de un dios supremo, aunque no le rindan culto a este. Sin duda, son adoradores del Diablo, admiten sin escrúpulos que de quien buscan el favor es aquello que es idéntico con el 'Sheitan' de los cristianos, judíos y musulmanes. Pero, afortunadamente para la moral de sus vecinos, su homenaje se detiene en la imitación (Wigram & Wigram). Racionan que este es un dios el cual se ocupa de los asuntos de los cielos sin importar lo que suceda en la tierra. Ya que según su cosmología este perdió el interés en los asuntos terrenales una vez termino su labor de creación de la tierra y el ser humano.

Estos prefieren rendirle pleitesía a Melek Taus, a quien también llaman Exaltado Maestro, Señor del Amanecer o Príncipe de las Tinieblas. Dentro de la mitología Yezidi, luego de la Rebelión contra Dios, Satán se arrepintió de su pecado; el Orgullo. En su benevolencia, Dios lo perdona y los restaura a su posición como amo de la tierra.

Según sus creencias al dios perder interés en el universo que creó éste le dejo el mundo a cargo al Melek Taus (Rey Pavo Real) y a otros seis Ángeles. Me parece muy probable que el Ángel Pavo Real, en cierta manera, es un símbolo del ser humano mismo, un divino principio de luz experimentado en un avatar de oscuridad (E.S. Dower). Al Príncipe de este Mundo ser quien tiene la injerencia en los asuntos mundanos, los Yezidi optan por rendirle culto para no provocar su venganza. Además este merece adoración por ser un agente creativo de Dios.

Otro aspecto interesante de la cultura Yezidi son sus orígenes mitológicos. Mientras que las principales religiones del mundo reclaman a Adán como el primer hombre y ser descendidos de este, los Yezidi no. Estos afirman que son descendientes de Azaziel (uno de los ángeles que tuvo relación prohibidas con las hijas de los hombres).

Para los Yezidi el alma no muere. Cuando una persona muere su alma va al paraíso por un tiempo antes de su próxima reencarnación. Continuando ese ciclo hasta que logra su purificación y eventual unión con dios. Mientras que el perverso sin remedio permanecerá en el infierno.

La cultura Yezidi es una de transmisión puramente oral. Se ha especulado que esto se debe a su carácter cuasi nómada y a la persecución religiosa por tener un dogma diferente al imperante en su área geográfica. Sin embargo sus creencias religiosas se colectan en dos pequeños tomos: Kitab al-jiwah (Revelaciones) y Mashaf rash (Escritura Negra).

Ambos textos fueron escritos en árabe. El Al Jiwah en el siglo XII dictado por el principal santo y líder de los Yezidi, Shaykh Adi, de quien se afirma logró la divinidad. El Mashaf raj fue compilado en el siglo XIII en este se encuentran las palabras de Melek Taus a su pueblo. Ambos tomos conforman el Libro Negro en el cual se guardan el credo, rituales y ceremonias de los Yezidi.

Durante el verano se celebra los Cuarenta Días del Verano, también llamado la festividad de Shaykh Ady. En esta ocasión la principal actividad es el Festival de la Asamblea. Se espera que toda la comunidad Yezidi se reúna en la región de Lalish para el sacrificio de un toro. Vestigio del culto a Mithras, en el cual la carne del toro sacrificado se convierte en el alimento de los inmortales.

Una de las principales ceremonias de la tradición Yezidi es la lectura del Al Jiwah, o las Revelaciones que le hiciera Melek Taus a su pueblo. Esta lectura se efectúa tradicionalmente una hora después de la puesta del sol. Los participantes visten túnicas negras con cinturones rojos. El templo donde se efectuaba la lectura era adornado con los diferentes símbolos de Melek Taus. Entre estos resaltaba la figura dominante de un Pavo Real. Junto a esta, agua fluía la cual provenía del pozo milagroso del Islam llamado *Zamzam*.

Músicos, llamados *Kawwals*, tocaban la música tradición, coordinando sus compases con la voz que recitaba las Palabras Sagradas. En otras ocasiones la reverencia era tal que no se permitía la música. Los participantes de la ceremonia se sentaban en cojines frente a la imagen de Melek Taus, en silenciosa admiración.

Una ejecución exitosa del Al Jiwah le brindaba al celebrante una conceptualización diferente del mundo que le rodeaba. Este podía entender las reglas bajo las cuales los descendientes de Adán se regían, pero comprendía que estas no le aplicaban a él. Nuevas reglas son expuestas para que este utilice a su placer. Para el celebrante del Al Jiwah, unas formas de ejecución diferentes están disponibles. Prácticas que han estado en vigencias desde unos 6,000 años.

Más importante que una re conceptualización y nuevas formas o la preservación de una tradición, es la ayuda espiritual que se puede obtener. Melek Taus le ha dicho al celebrante dedicado: Yo ejerzo dominio sobre todas las cosas y sobre los asuntos de todos aquellos que se encuentran bajo la protección de mi imagen. Siempre estoy presente para ayudar a aquellos que confían en mí y me invocan en sus momentos de necesidad.

Para el celebrante verdaderamente dedicado al sendero expuesto por Melek Taus, éste le enviará a sus *daevas* y sirvientes para guiar, cuidar y servir. A ese dedicado caminante de su sendero le otorgará las herramientas para su crecimiento personal.

Tradición Alquímica

Siempre hay temas con los cuales nos hemos de topar. Claro está, todo depende de nuestra área de estudio. Cuando estudiamos el ocultismo, tarde o temprano, oímos sobre la alquimia. Ya sea por referencia directa o porque nos topamos con historias de ciertos personajes o de los alquimistas. Lulio, Dee, Flamel o Kelly son nombres que eternamente estarán relacionados con el ocultismo y lo que es la alquimia.

Pero, ¿qué es la alquimia? Un invento de historiadores o cuentos muy entretenidos de hazañas mágicas del cual se derivan películas con efectos muy entretenidos. O es la alquimia un arte o una ciencia que se utiliza para creación de riquezas y larga vida.

Cuando se habla de la alquimia dos conceptos resaltan muy prominentemente. Uno es la Transmutación de los Metales bajos a oro y el Elixir de la Larga Vida. A esto se le añade la mítica Piedra Filosofal, instrumento indispensable para lograr lo anterior, que debe ser desarrollado por el alquimista. De esa manera sería muy fácil describir la alquimia. Suena casi a una definición de diccionario.

Ya que se ha definido la alquimia, ahora nos deberíamos preguntar, ¿de dónde proviene la alquimia?

En la antigüedad no hubo un lugar más maravilloso, para aquellos que buscaban el conocimiento, que Alejandría. Ciudad fundada en el 332 antes de la Corriente Era. a las orillas del río Nilo por el General Tolomeo. En esta ciudad se estableció la biblioteca más importante del mundo antiguo, en la cual existían más de

500,000 libros o rollos. Paulatinamente la biblioteca fue destruida por la mano del ser humano. El primer desastre fue cuando en el 47 antes de la Corriente Era. la biblioteca se incendió y se perdieron aproximadamente unos 40,000 volúmenes.

El máximo centro cultural también sería el lugar donde surgió la alquimia. Es cerca del siglo V antes de la Corriente Era. donde se puede rastrear las primeras referencias a escritos alquimistas. Es importante notar para esta misma época en el oriente lejano se desarrollaban conceptos parecidos.

Lamentablemente luego de la quema de la Biblioteca de Alejandría todos los escritos y tratados que pudieron existir hasta ese momento desaparecieron en cenizas. Originalmente la alquimia era toda una ciencia. En donde los conceptos eran puestos a prueba. Se entendía que se debía probar las teorías con métodos empíricos. De tal forma que las transmutaciones que ocurrían en la naturaleza fueran reproducidas en el taller del alquimista. No es hasta el siglo VI C.E. cuando la astrología y la magia fueron incluidas en los experimentos alquímicos.

La invasión morisca de la península Ibérica, comienza en el 711 C.E. Gracias a esta Europa tuvo acceso a los conocimientos que se desarrollaron en los países árabes.

De los países árabes podemos encontrar el tratado más antiguo sobre la alquimia. El autor de ese tratado fue lo que podríamos llamar un químico y farmacéutico, Abu Musafa Yabir al-Sufi Hayyan (Conocido en occidente por la latinización de su nombre como Geber, 721 – 815 C.E.). El Sumario Perfecto de la Tradición

Alquímica Dividido en Dos Libros es un escrito donde se recopilaban las tradiciones, conocimientos y creencias sobre el tema de ese tiempo. Es importante destacar que las primeras y más importantes escuelas de artes médicas y farmacológicas se desarrollaron en los países árabes. Es por esto que de una manera casi natural la alquimia fue estudiada y desarrollada.

Los primeros trabajos europeos referentes a la alquimia fueron los de Roger Bacon y Alberto Magno. En estos trabajos se refleja la creencia de que los metales impuros pueden ser cambiados a uno más puro. Nada nuevo en la tradición alquímica, lo que estos estudiosos añaden es un nuevo elemento. Ellos entendían que podía existir una sustancia más pura que el oro, este siendo la Piedra Filosofal.

Se le considera a Paracelso el más famoso de todos los alquimistas. Medico suizo, su nombre completo es Theophrastus Bombastus von Hohenheim (1493 – 1541 C.E.). Este contribuyó a cambiar las teorías medicas de su tiempo al afirmar que las enfermedades podían ser causadas por elementos externos al ser humano. Viajó extensamente en busca del conocimiento alquímico. Este insistía en que existía un elemento por descubrir, el cual era común a todos los elementos. Siendo este indispensable para la creación o formación de todos los demás, al cual llamaba *alcaesto*. Otros llamaban a este elemento la Quinta Esencia.

Luego de Paracelso, se marca una división importante en las escuelas alquimistas. Por un lado un grupo se dedica a los estudios de los elementos de una manera que seria los antepasados de los químicos modernos. Mientras que otros se dedicaron a la parte espiritual de su arte en la búsqueda de una trascendencia espiritual. Finalmente un grupo tomo el conocimiento alquímico y siendo víctimas o victimarios de la avaricia propia o de otros se concentraron en la creación del oro mágico que llenara sus arcas y la de sus benefactores.

En la actualidad cuando se piensa en la alquimia se piensa principalmente en el último grupo mencionado. En su utilidad para la humanidad se podría alegar que el primer grupo fue el más importante. Pero siempre se les olvida a las personas que el espíritu era lo más importante para el alquimista. Que no se podía lograr la transmutación de los metales al oro, la creación de piedra filosofal o del elixir de la larga vida, si su espíritu no era tan puro como aquello que deseaba construir.

Las Nuevas Generaciones

Las nuevas generaciones de ocultistas son superiores a las previas generaciones. Las futuras generaciones tienen el potencial de ser mejores que las presentes. Esto se debe a que cada generación se levanta de los logros de la anterior y la mejora. De esto no suceder las nuevas generaciones simplemente dejan de existir. Todo tiende a mejorar o a perecer.

Los avances en el conocimiento se debe a que las nuevas generaciones no tienen que volver a construir el conocimiento que ya se ha desarrollado. Lo que tienen que hacer es aprenderlo y expandirlo. Únicamente en momentos cuando, por algún desliz de una generación anterior, el conocimiento se pierde, es que las nuevas tienen que hacer un ejercicio de ingeniera inversa y reconstruir el conocimiento. En el peor de los casos volver a construirlo desde la nada.

Por otro lado, el conocimiento del ocultismo es uno que se repite en diferentes tradiciones. Muchos de los conceptos avanzados de las órdenes ocultistas son intercambiables. Los cuales, si los aprendes en una tradición, los puedes asimilar con mayor facilidad cuando se te presenta en otra tradición. Por eso, un individuo que aprenda a meditar dentro de la tradición budista, se le hará fácil aprender la meditación del mercaba o viajes astrales o la elevación al *Sanctum Celestial*.

Esta es la ley que debe reinar cuando se habla del conocimiento ocultista. Un fenómeno incrementar con cada nueva generación. Más aún si consideramos los conceptos de reencarnación, transmigración del alma, memoria genética o los registros *akashicos*. Estos conceptos tienden a la acumulación del conocimiento previo y que es añadido al que se genera en la actualidad.

Además, en la época actual la información esta disponibles en diversas formas. Ya no es difícil el encontrar libros sobre el ocultismo. Ya no es un crimen tener esos libros o estudiar estos temas. Lo cual es una ventaja que las generaciones anteriores no tenían.

Sin embargo en las órdenes místico esotéricas no se reconoce esta realidad. Los líderes de estas no entienden, o no quieren entender, que las nuevas generaciones que se unen a ellos están más adelantados que ellos. Que ellos están más dispuestos y receptivos al conocimiento oculto que lo que ellos estuvieron cuando comenzaron sus estudios.

Por un lado no adaptan los estudios a una versión más acelerada. La cual se adapte a la realidad de que las nuevas generaciones las pueden asimilar con mayor efectividad. Por otro, se aseguran de coartar el avance de los jóvenes. Se aseguran de castrar y limitar su impulso espiritual.

Curva de Aprendizaje

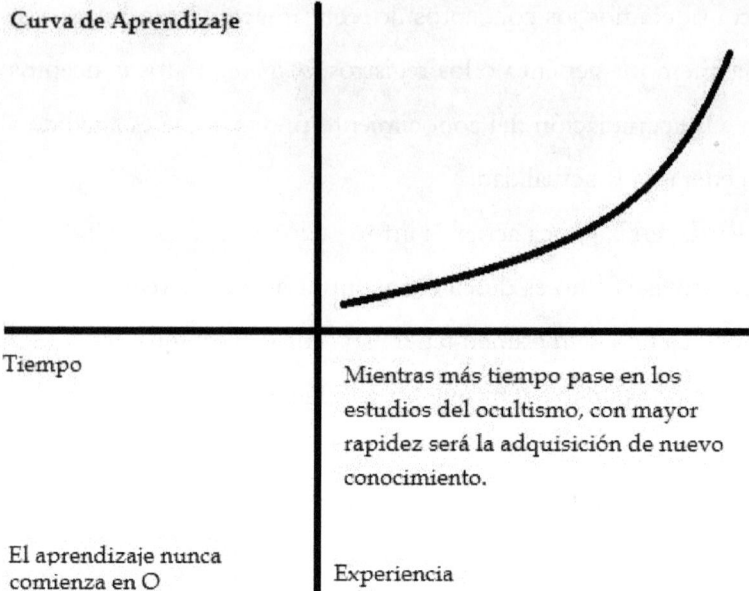

Tiempo

Mientras más tiempo pase en los
estudios del ocultismo, con mayor
rapidez será la adquisición de nuevo
conocimiento.

El aprendizaje nunca
comienza en O

Experiencia

Todo por la envida de la juventud. Todo por el miedo de perder los títulos que ellos han adquirido por la virtud de haber llegado primero a un lugar. Todo por creer que basados en la mera edad merecen ser alabados y ser mantenidos en sus posiciones de poder.

Esto sin incluir el incesto intelectual y espiritual que estos líderes intentan perpetrar. Ya que para tener una posición dentro de la organización, ya que para poder progresar y obtener conocimientos técnicos más avanzados, el joven tiene que someterse al abuso de estas personas.

Es por esto que para los jóvenes las órdenes místico esotéricas no son una alternativa. ¿Por qué tenemos que mendigar por el conocimiento que muy bien ya tenemos? ¿Por qué tenemos que rendirle pleitesía a un grupo de personas que sólo buscan perpetuarse en sus posiciones?

La paciencia que se predica por todos esos viejos es una mera excusa para intentar mantener al joven en su yugo… dando sólo lo mínimo para que este nunca lo supere… pero siempre los superamos. Esa es la ley de conocimiento incremental.

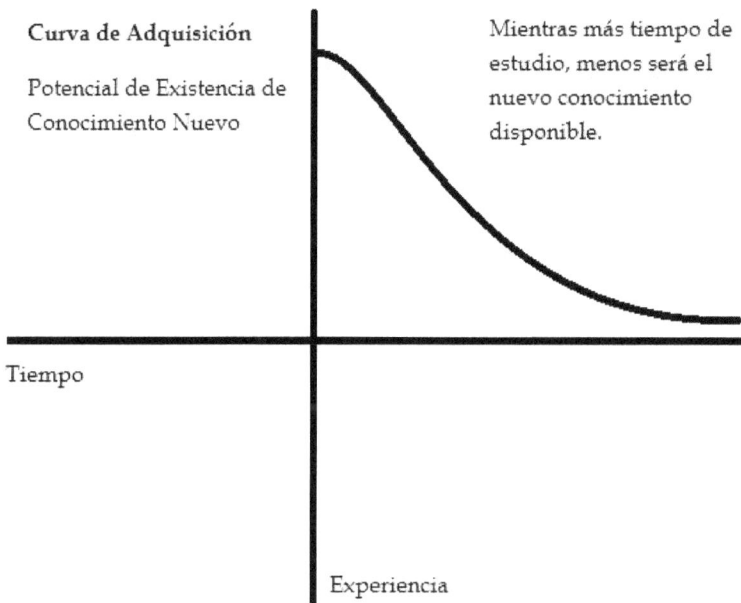

Curva de Adquisición

Potencial de Existencia de
Conocimiento Nuevo

Mientras más tiempo de
estudio, menos será el
nuevo conocimiento
disponible.

Tiempo

Experiencia

Debo Confesar mis Pecados: Víctor Gómez

-Debo confesar mis pecados… antes de morir… no puedo l levarme mentiras a la muerte, sino, Némesis no me dejará descansar…

Esas fueron las primeras palabras que Víctor Gómez pronunció en lo que sería su último monologo antes de morir. Durante años él fue el principal líder de la iglesia gnóstica en la ciudad de Ponce. Pero él no era ponceño, ni siquiera puertorriqueño. Él llegó de Colombia, con la misión de evangelizar gnósticamente a las sucias larvas de la tierra que habitaban la degenerada isla de Puerto Rico.

Como todo evangelizador emigrante, su noble misión pasó a un segundo lugar al encontrarse con una calidad de vida superior a la que estaba acostumbrado. Donde comparado con su país de origen se recibía más dinero por el trabajo y se tenían más derechos. Así que lo que era una misión de dos años, en los cuales fundaría un *Lumisial* y ordenaría sacerdotes y sacerdotisas gnósticos, se alargó. Su vida misionera de evangelización en Puerto Rico se convirtió en una misión de todo la vida. Logró fundar cinco lumisiales permanentes, y un sin fin de grupos de estudios gnósticos.

Sus esfuerzos no sólo se limitaban a una práctica de dar evangelización gnóstica, también incluían el extenso uso de la teúrgia, artes divinatorias, mentalismo, en fin todo lo que tuviera que ver con la magia.

Para Víctor Gómez esto no era del todo incompatible. Durante años había estudiado la teosofía, espiritualismo científico, rosacruces, masones… en fin, toda aquella escuela esotérica que lo aceptase. Por eso, su conocimiento de las artes ocultas era extenso.

Sin embargo, de una manera magistral sólo reclamaba al gnosticismo, en específico el latinoamericano de Samael Aun Peor, como la más alta de las enseñanzas de las escuelas del ocultismo. Aunque utilizaba las enseñanzas y técnicas de otras escuelas, él decía que estas eran degeneradas y la cúspide de la Venerable Logia Negra. Más aun, nunca admitía el uso de la magia en sus prácticas personales.

-Los expulsé porque me daban miedo, ponían en dudas mis creencias, y llevaban a los límites mis conocimientos…

Murmuró mientras miraba a Carlitos. Otro misionero gnóstico, original de Argentina, quien estuvo encargado de la enseñanza de un grupo de jóvenes. Quienes fueron expulsados por tener un gran conocimiento de ocultismo. Ellos leían los libros de Víctor Gómez y hacían preguntas con profundidad de los aspectos exotéricos y esotéricos más complicado.

Pero las divagaciones y cantinfladas en los intentos de contestar esas preguntas hicieron dudar a los jóvenes. Ellos buscaron más información en otras fuentes y descubrieron que los escritos de Víctor Gómez era tan sólo una gran copia, excelentes traducciones, de los grandes ocultistas que tanto él odiaba y catalogaba como los más grandes Magos Negros.

Carlitos tuvo que venderse a los deseos de Víctor Gómez. EL era un emigrante con visa religiosa, era Víctor Gómez quien firmaba los documentos y desidia si él se quedaría o no en el Puerto Rico.

-Tenía que expulsar a Nelson… su locura fue mi responsabilidad…

Le dijo a Marisela y Eliezer, esposos quienes ahora serían los rectores del *Lumisial* de Ponce. Luego de años de trabajar y contribuir económicamente, ambos habían sido ordenados al sacerdocio gnóstico. Justo luego de la expulsión de Nelson de la Iglesia Gnóstica.

Inadvertidamente Leonardo le dio la excusa necesaria para poder expulsar a Nelson de la Gnosis. En su preocupación por Nelson Leonardo lo visitó a su hogar. Allí, sin alguna razón identificable Nelson golpeó a Leonardo. A pesar que Leonardo ya no era miembro de la Iglesia Gnóstica, y no era considerado un hermano por Víctor, este dictaminó que como Nelson había atacado físicamente a otro Gnóstico el ya no era bienvenido en ningún *Lumisial*.

Nelson fue el estudiante modelo de Víctor. Muchos creían que Nelson seria quien continuaría la línea de sucesión. Lo que muchos no sabían era de la enfermedad mental de Nelson. Tampoco sabían que Víctor Gómez le dijo que dejara el tratamiento porque,

-Un verdadero gnóstico no necesita de medicina o terapia.

Eso fue hasta que un brote psicótico llevara a Nelson reclamar haber sido iniciado en los mundos superiores y dado el nombre de *Kefren*. Pero, *Kefren* no podía ser más que Samael…

-Leonardo nunca fue un gnóstico…

Susurró, luego de un largo silencio, que casi se confunde con su muerte,

-Mi más grande pecado fue causarle la muerte a personas…

Recuerdo que su nombre era Harry…

Harry era la competencia directa del negocio gnóstico de Víctor Gómez. Si Víctor era el líder de la Iglesia Gnóstica, Harry era el representante de la Asociación Gnóstica (versión un poco más liberal del gnosticismo latinoamericano). El gran error de Harry fue, no sólo elegir a Ponce como lugar para traer su versión del gnosticismo, sino el haber establecido su centro de estudios a dos calles del *Lumisial* de Víctor.

Harry no fue el único, Tito también fue otro. Todo el que no esté de acuerdo conmigo es un mago negro, solía decir Víctor. Así que la muerte de esos magos negros no era algo que lamentar. Al contrario era su deber el proteger a la humanidad deseos engendros de la involución.

Ya el tiempo se terminaba y su voz era casi imperceptible. Su confesión jamás seria completa. Una vida llena de incongruencias, donde con las mejores intenciones se causa graves daños no puede lograr la absolución por una admisión a medias al final de una vida.

-Hice lo que hice, lo he admitido y no me arrepiento…

Con esas palabras Víctor Gómez se encamino hacia el más profundo de los infiernos.

Un Estudio de Caso
De cómo un muchacho rectifico su vida
gracias a la "magia" de ser una persona recta

Un Experimento...

¿De lo Espiritual? (y otras supersticiones)

En otra vida fui un dedicado estudiante del esoterismo y el ocultismo. Puse en práctica muchas de esos "estudios". Lo hice de manera pública y muchos de mis contemporáneos me reconocían como una persona de vastos conocimientos esotéricos y ocultistas. Por mucho tiempo me disfruté de ser una "celebridad menor" donde muchos venían a mí para concejos, consultas y recetas.

Eso fue en otra vida… pero muchos recuerdan esa vida…

"Yo me acuerdo" fue el saludo que me dio una persona que se acordaba de mi pasado. Persona que estaba teniendo graves problemas familiares y quería que "le hiciera un trabajo" para resolver todos sus problemas.

Tal vez fue mi perversidad, pero accedí a su pedido y le dije: Te voy a ayudar.

Esta sería una gran oportunidad de poner a prueba esas creencias populares de "trabajos" y "brujos" que mágicamente les resuelven los problemas a las personas.

El problema

En este caso los problemas familiares surgían de falta de comunicación entre la pareja, y acciones poco asertivas y falta de atención del hombre hacia sus responsabilidades como esposo y padre. Complicando la situación era que este hombro no reconocía su responsabilidad ante la situación que está viviendo, y les echaba la culpa a "brujos" que le habían hecho.

En especial culpaba a la madre de su esposa, quien él decía era la fuente de los "brujos" que creía le estaban haciendo. La realidad era que el único "brujo" que le estaba haciendo la madre de su esposa era recordarle lo mal esposo que él era.

Como preámbulo al experimento

1. Le realice una entrevista, de la cual obtuve información de su vida profesional y familiar, de sus costumbres y actitudes. Pero no la podría hacer de la manera profesional que haría un abogado o trabajador social. Tenía que incluir todo un montaje teatral de las expectativas de un ocultista. Así que le "realicé" una lectura del tarot, con velas e inciensos y paños rojos y blancos. Eso era lo que la persona esperaba… sino llenaba las expectativas, nada de lo que le dijera seria tomado en serio (por irónico que parezca).

2. Luego de identificado los problemas (muchos de los cuales fueron auto diagnosticados, pero no reconocidos) los primeros pasos que le aconsejé fue ir a la playa para 'limpiarse' y luego al rio para 'endulzarse'.

3. Le aconsejé ir a la iglesia para 'mantener a dios y a cristo contento'.

4. Y le di una larga lista de artículos que necesitaría para realizarle el trabajo.

Todo dentro de las expectativas de las creencias populares.

El experimento

1. Le pedí que me trajera las flores que le gustaban a su esposa para "preparárselas". En realidad la única preparación que tuvieron fue la de adornar mi cocina. Luego de preparadas se las llevó a su esposa.

2. Como él tenía la sospecha que le había "echado un brujo" le recomendé llevar a su esposa e hijos a la playa para que se limpiara de esas fuerzas espirituales. Y que lo disfrazara todo como un día pasadía familiar.

3. Luego le pedí que me trajera las frutas favoritas de su esposa (repetí el pasa #1, hasta las probé). Más adelante, le volví a pedir lo mismo con chocolates, hubiera recomendado traer joyas para preparárselas como amuletos, pero esta persona no tenía los recursos económicos.

4. Siguiendo con el paso #2, esta vez le dije que llevara a su esposa e hijos al rio, para que se "endulzaran".

5. Finalmente, le dije que tenía que ir a la iglesia como familia. Que tenía que involucrase en las actividades de la iglesia y poner en práctica las enseñas. Le recordé que "Dios sabe lo que este en tu corazón, y podrás engañar a muchos, y hasta a ti mismo, pero no a él".

El experimento duro unos 6 meses.

Resultados

1. Sus relaciones matrimoniales comenzaron a mejorar.
2. El comportamiento de los hijos comenzó a mejorar.
3. La suegra ya no le estaba haciendo "brujos".

Durante todo el tiempo de la experimentación nunca hice algún brujo o trabajo. Ni siquiera pensaba en lo que estaría pasando con esta persona. Seguí en mi cotidianidad. Pero la persona creía que estaba metido en una recamara ritual haciendo brujos, oraciones, hechos y encantos. No caí en la trampa de la adulación que en algún momento tanto disfruté.

La realidad es que puse a prueba todas esas supersticiones que tienen las personas en relación con sus problemas y lo espiritual. Todas esas creencias de brujos y trabajos son tonterías. Ser una persona considerada y atenta a las necesidades de los demás, responsable por sus acciones, dejando a un lado el egoísmo, combinado con una sana espiritualidad y participación plena en su iglesia… Esa la clave para resolver los problemas, no "brujos" y "trabajos."

Ahora hay que repetir el experimento para ver si podemos duplicar los resultados…

Pd. Los que dirían que lo engañé, están equivocados… porque le dije "te voy a ayudar" y eso fue lo que hice.

RITUALES Y CEREMONIAS

De las cosas que aprendí en libros, conferencias y practicas

Magia: Voluntad y Poder

La magia es tan sólo una expresión de nuestra voluntad, a la vez es un instrumento para la manifestación de la misma. Cuando se piensa en la magia casi de inmediato se conjuran imagines arquetípicas de ilusionistas con sus trajes y mujeres hermosas, produciendo conejos de su sombrero; o pensamos en el anciano con largas y blancas barbas sentado en un despacho con libros antiguos.

Aunque las sociedades cambian constantemente, hay ciertas imagines que se perpetúan en el inconsciente colectivo de las mismas. Esta perpetuación se puede explicar con el concepto de los arquetipos. Desarrollado por Carl Jung este afirma que existen imágenes estereotipadas en el inconsciente de las personas, las cuales son compartidas por la sociedad. Estos arquetipos condicionan la interpretación, y por ende la reacción, de los eventos que se encuentran alrededor de los miembros de la comunidad.

Por otro lado, la palabra magia tiende a inspirar miedo en algunos y fascinación en otros, y posiblemente indiferencia en la mayoría. Esta reacción de miedo, fascinación o indiferencia que se experimenta al estímulo llamado 'magia' se debe a la construcción que la persona haya hecho de su realidad. Llevándolo a un extremo los fundamentalistas religiosos tiende a ver la magia como el trabajo del enemigo, un elemento negativo condenatorio, el cual no debe ser ni mirado.

Mientras que aquellos que miran la magia desde la fascinación tienden a ser aquellos que se rebelan contra los grupos de poder, contra aquellos que de alguna u otra manera han interpretado las reglas de control social como una traba a su libertad. Se podría decir que este grupo es poblado, por dar unos ejemplos, por los niños que se rebelan contra las doctrinas de papa y mama, o el místico intelectual que no acepta a ciegas las doctrinas que le han enseñado.

La tercera reacción es la más común que se puede encontrar. La actitud de la actual sociedad es una de indiferencia. La religiosidad es aceptable aunque verdaderamente esta no se practique. Se ha aceptado como un medio de vida. La magia es vista como superstición que tiene que ser suplantada por algún paradigma.

Cuando aplicamos las teorías de Kuhn, la magia fue lo que explicaba lo que la ciencia explica en la actualidad. Pero es la magia lo que explica lo que aun la ciencia no ha podido explicar.

Neil Gaiman nos dice que la magia es tan real como la hagamos, que esta sólo será efectiva para aquellos que así la hagan. Para una persona que no crea en ella y no exista duda de su inexistencia la magia no existirá. Por supuesto desde un punto de vista existencial y pragmático la magia es tan sólo la superstición de una religión o mitología.

Para que la magia exista y sea efectiva lo primero que se tiene que hacer es re conceptualizar lo que es la magia. George Carlin, explicando de una manera espectacular con una broma las teorías de Wittgenstein y Heidegger sobre el lenguaje, nos dice que nuestro pensamiento se expresa fundamentalmente en palabras, y aquellos que controlen las definiciones de nuestras palabras, controlan nuestros pensamientos.

La conceptualización de la magia es tan sólo una explicación comprensiva que construimos para explicarla. Esta construcción es una dinámica, la cual refleja los cambios que pueden existir a un nivel tanto individual como global. Un concepto puede o no cambiar constantemente a través de nuestra vida, de dependiendo de nuestras experiencias y necesidades.

Es por eso que los escritores, ya sean laicos o no, tienden a presentar una definición operacional de lo que es la magia. Entre las más interesantes se encuentran las de Dion Fortune y entre las más completas está la de Aleister Crowley. Dion Fortune afirmaba que la magia no realiza cambios externos, que la magia sólo logra realizar cambios internos. Por su parte Aleister Crowley nos presenta la magia como el arte y la ciencia de lograr lo que sucedería al azar suceda en concordancia con nuestra voluntad.

En estas dos definiciones se puede apreciar como dos místicos contemporáneos definían la magia. En ambas definiciones se pueden identificar similitudes y diferencia significativas. Sería interesante ponderar cuál de las dos seria la correcta y cuál es la incorrecta. Esto es casi imposible de poder dilucidar. Ambas en su contexto son correctas. Ambas son el reflejo de constante estudio y experimentación. Lo cual las hace, desde el marco de referencias, válidas y funcionales.

En la práctica la magia es la manipulación de energías físicas o mentales. De acuerdo a las teorías científicas todo es energía. Ya sea energía manifiesta o energía en potencia. Así que en campo de lo operacional la magia es tan sólo la hábil manipulación de las energías disponibles al mago para realizar su voluntad.

¡Magia!

"Me encontré perdido en el vació para designar un nombre para mi trabajo. Es por eso que elegí el nombre. "Magia" como esencialmente lo más sublime, y verdaderamente el más desacreditado de todos los términos disponibles. He jurado el rehabilitar la Magia, a identificarla con mi propia profesión; y alentar a la humanidad a respetar, amar y confiar en aquello que han despreciado, odiado y temido".
Aleister Crowley, Magia: En Teoría y Práctica

No existe una definición definitiva del término magia. Mucho menos no se sabe con exactitud lo que es la magia. Diccionarios y peritos dan su definición la cual tiende a ser muy filosófica o muy personal. Se construyen paradigmas utilitarios que sirven en un momento específico para una o unas personas en particular.

El diccionario Vox define la magia como un entretenimiento el cual se basa en la violación de las leyes de la naturaleza. Por otra parte también nos dicen que esta es un arte para influenciar el curso de los acontecimientos o adquisición de conocimientos por medios sobrenaturales. Samael Aun Weor explica la magia desde la perspectiva de seres inferiores utilizándola para algún fin. Este dice que la magia es el arte de influir conscientemente sobre los fenómenos de la naturaleza actuando desde el mundo interior (Manual de Magia Practica).

La naturaleza como ente cambiante es tomada por otros autores. Gerina Dunwich (Wicca Craft: The Modern Witch's Book of Herbs, Magick, and Dreams) nos dice que la magia es una fuerza que combina la energía psíquica con los poderes de la voluntad para producir efectos súper-naturales, causar cambios a nuestra conformidad, y controlar los eventos en la naturaleza. Más aun, se destaca que la magia, como energía, es neutral, ni buena ni mala, todo reside en la intención y naturaleza del practicante.

La magia, según Murray Hope (Practical Greek Magic), es la conversión de las energías universales a frecuencias prácticas que pueden ser utilizadas de acuerdo con las necesidades de la ocasión. La magia al ser un instrumento poderoso, puede facilitar cambios en los aspectos espirituales y físicos de nuestras vidas. Scott Cunningham (Living Wicca: A Further Guide for the Solitary Practitioner) le da suma importancia al proceso de manipular estas energías. Esto es así por la definición que este desarrolla de magia como la proyección de energías naturales para producir los efectos necesarios (Wicca: A Guide for the Solitary Practitioner).

Dion Fortune (Sane Occultism) no cree que verdaderamente se pueda cambiar nuestro entorno. Esta autora nos dice que no influenciamos al destino con nuestras operaciones mágicas; nos influenciamos a nosotros mismos. Nos dice que reforzamos aquellos aspectos en nuestra naturaleza que están en simpatía con los poderes que invocamos.

Magia es tan sólo la habilidad natural propia de atraer sin tener que pedir, es la definición que Austin Osman Spare (The Book of Pleasure (self-love): The Psychology of Ecstasy) nos da. Este autor nos dice que ceremonias y doctrinas son sólo la negación de las habilidades. A lo cual este añade como elementos indispensables para la ejecución del trabajo mágico la intensificación de lo normal y el placer de un niño o el de una persona saludable.

Aleister Crowley (Magick in Theory and Practice) define la magia como el arte y la ciencia de hacer que lo que ocurriría al azar suceda en concordancia con la voluntad. Por su parte Anton LaVey (Satanic Bible) se mantiene en la misma línea con su definición de magia como el cambio en situaciones o eventos en concordancia con la voluntad propia, los cuales normalmente, utilizando métodos aceptados, serian incambiables.

Donald Michael Kraig (Modern Magick: Eleven Lessons in the High Magical Art. 2nd ed.) mezcla ambas definiciones y añade otros elementos para explicar la magia. Este autor divide la magia según la intención del mago. Primeramente nos dice que la magia tiene el propósito de lograr el conocimiento y concejo de nuestro Sagrado Ángel Guardián. El Sagrado Ángel Guardián es un elemento central en la práctica de la magia Telémica. Cada ser humano tiene un Sagrado Ángel Guardián y el buscar la comunicación con este es primordial. La comunicación con él es la comunicación con la divinidad que reside en cada uno de los seres humanos. Segundo se tiene la intención de hacer daño o bien físico, o de otro tipo, a otros o a sí mismo de una manera consciente o inconsciente.

En Crowley y LaVey se percibe el uso de la voluntad como elemento indispensable para la ejecución efectiva de un trabajo mágico. Crowley (Liber II. The Message of the Master Therion) insiste en que, primero se tiene que encontrar cual es la voluntad propia y luego realizar esa voluntad, con una dirección específica, despego y paz. La voluntad es otro término clave de las enseñas de Crowley. Este nos dice que el hombre sólo tiene el derecho de hacer su voluntad. Pero para poder hacer su voluntad es necesario que este descubra cuál es su verdadera voluntad. Teóricamente, se podría estar toda la vida buscando cual es la verdadera voluntad y nunca encontrarla. Crowley también nos dice que una persona que no haga su voluntad es un esclavo.

LaVey expande los elementos personales para la ejecución de la magia a cinco. Estos son el deseo, tiempo, imagen, dirección y balance.

Estos elementos mencionados por Crowley y LaVey son de suma importancia para la ejecución exitosa de un trabajo mágico. Son piezas personalísimas del mago al momento de dicha ejecución. La falta de una pieza de ese rompecabezas personal pone en peligro el éxito.

Por otro lado no se debe olvidar los elementos exógenos al mago cuando se realiza un trabajo mágico. Estos elementos exógenos pueden ser desde la elección errónea de los instrumentos de trabajo hasta manifestación de entidades indeseables al trabajo.

Cuando se elige un trabajo se tiene que tomar en cuenta la voluntad y cuál es el mejor método para cristalizar esta voluntad.

Luego se tiene que verificar si los cinco elementos están presentes para acércanos a fin que deseamos. Posteriormente se tiene que elegir el método propicio para la ejecución, con los instrumentos indicados para el método. Cuando el método requiera de asistencia humana, la elección de los canales propicios al trabajo. Finalmente la utilización de los entes necesarios, si alguno, para ayudar al fin deseado.

La Libreta de un Místico

Alejandro Ortiz

I

En nuestras manos esta
la representación de las
fuerzas creadoras/increadoras

Las combinaciones de lo
que se quiera realizar,
construir o destruir
crear o increar,
estan en nuestras manos

se ilustra las
manos como una
proyectiva y otra
receptiva

10 dedos
⇓
10 emanaciones

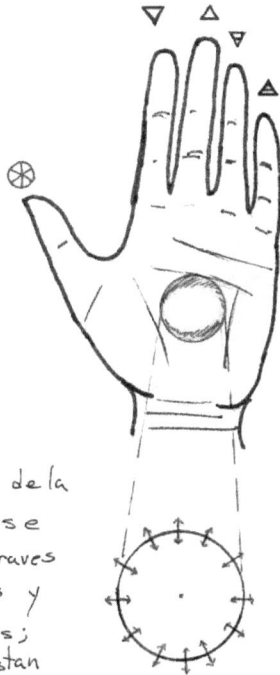

Los 12 rayos de la
creación se
canalizan a traves
de las 22 letras y
emanaciones;
y se manifiestan
en los
senderos de
un mundo
material

12 Rayos de la
creación

La recepción y proyeción
de las energias se puede
Lograr a traves de las manos

La defragmentación de la Quintaesencia

Al nuestro entendimiento ser limitado por la existencia física, para poder entender aquello que trasciende lo material debemos fragmentar lo divinal sin vanalizarlo

La defragmentación de la Quintaesencia es necesaria para poder comenzar a comprender los antiguos y nuevos concep- de la divinidad en una nueva y cambiante Era

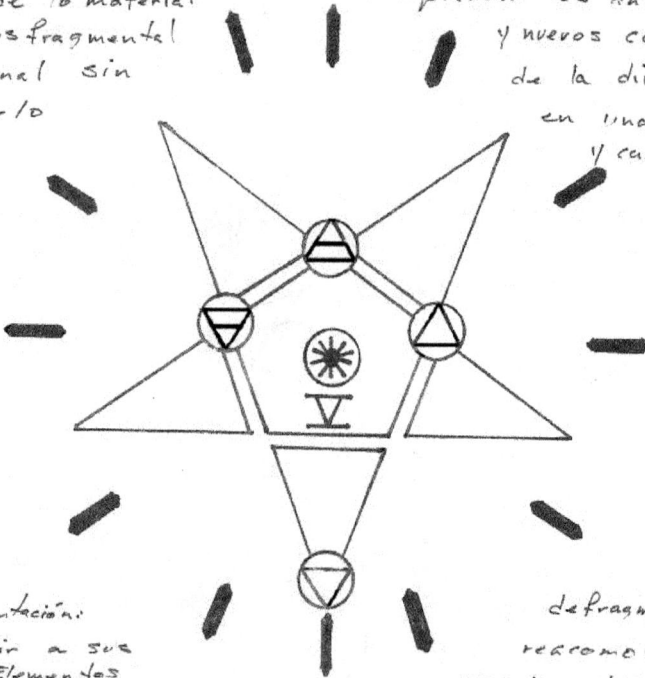

Fragmentación: dividir a sus Elementos

defragmentación reacomoda, organiza los Elemen

Primero se dividen las partes. Luego se acomodan para suplir las necesidades cognitivas y emosionales de un momento en el tiempo.

Esta cabala es una
cabala mesianica.

Cabala no tiene q ver con
religión

La tecnica de la cabala sigue
una linea tradicional.

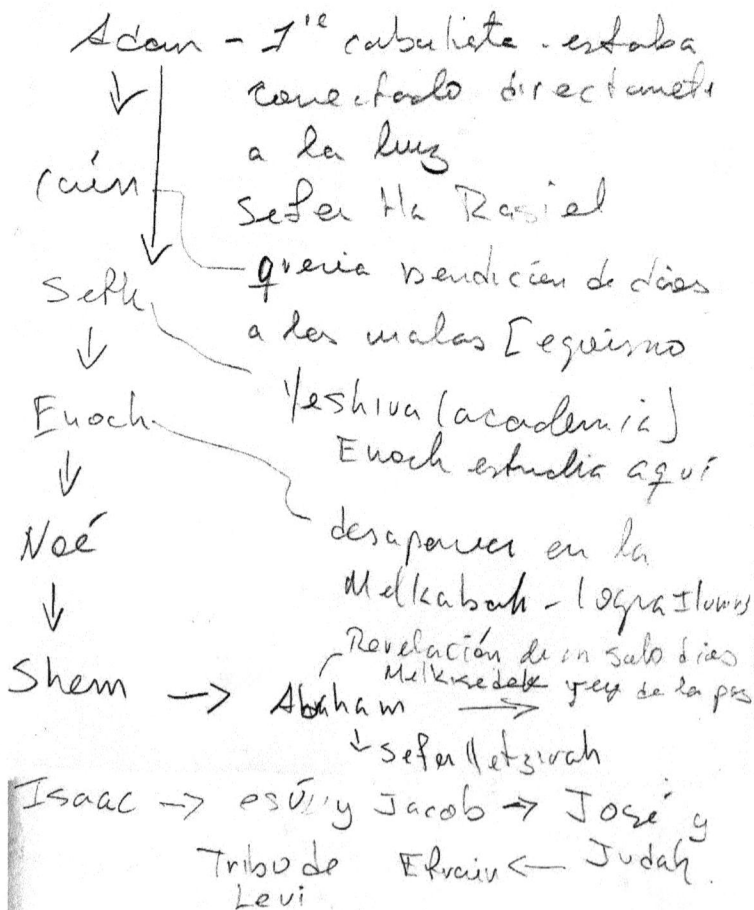

Adam — 1ª cabalista - estaba
conectado directamente
a la luz
Sefer Ha Raziel
quería bendición de dios
a las malas [egoísmo

Caín

Seth

Enoch
Yeshiva (academia)
Enoch estudia aquí

Noé

desaparece en la
Merkabah - logra Iluvar
Revelación de un solo dias

Shem → Abraham ⟶ Melkisedek rey de la paz
↓ Sefer Yetzirah

Isaac → esú y Jacob → José y
Tribu de Efraín ← Judah
Levi

Dos pilares de la Kabala.

— amar a dios sobre todas la cosas, es el dedicarle todo tu ser a dios

— Amar al prejimo como a ti mismo, esta muy enlazado al 1°

ABL - H   Recibir (la luz)

Hay q transformar el egoismo, NO destruirlo

La luz NO baja uno tiene q subir, y ella llega a mediocamino

tiene un limite / sale / entra

Klī

contenedor

deseo
de algo
[la cual numka]
se saca

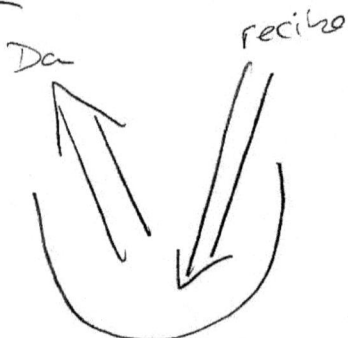

Da   recibo

Negativo

Klipoth

se convierte en
una adicción o
vicio el cual
tapa la luz

a donde se
quiere llegar
un vacija abierta

IASHR — EL = Israel
Directo   Dios
(comunicado)

Ish — ra — el = Israel
          ver Dios
Ser Humano

aquel que a
dios en todas las
cosas

Mahsant — velo q nos pusieron
cuando nos vistieron d pieles
El ser humano ya no recibe la
"luz" directa

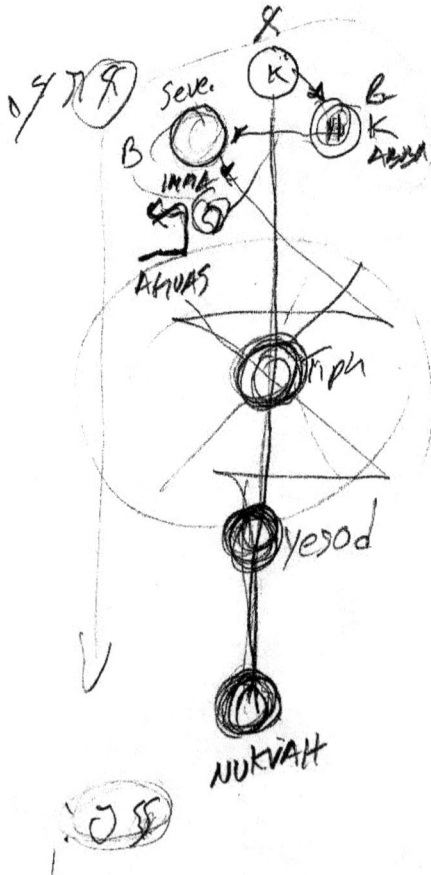

al momento de
la transición
vuelve al padre

↓ Adam Kadmon

Yechidah — uno + con

chaiah — vida pura espiritual

Neshamah — espiritu
↕ union con Dios (mistico)

Ruach — soplo de vida
emosiones

ser
animal

Nefesh — anima a gup (chispa de
vida)

Gup — cuerpo materia

Escalera de Jakob

7   Adam kadmon

6

5

4

Mente

3

2   Emociones
                     material
1   Fisico

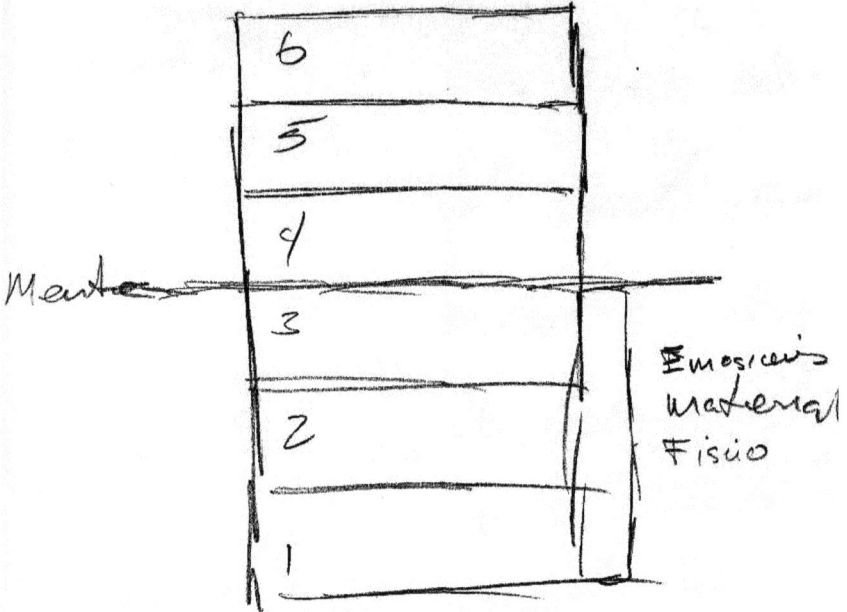

Se debe Buscar espiritualizar
los primeros 3 niveles

ENTREVISTAS

Las experiencias de esas personas que estuvieron en las órdenes esotéricas y fraternales. Se trata de capturar cuales fueron las impresiones de estas personas en un momento de su vida

Alejandro Ortiz

La Dedicación al Sendero

En los caminos iniciáticos que el mundo esotérico tiene para ofrecer son realmente pocas las personas que se pueden encontrar con el suficiente valor y perseverancia como para mantenerse digno y firme en la búsqueda de la verdad. Como dice el axioma popular 'muchos son los llamados y pocos los elegidos' y mucho menos aun los auto-elegidos.

Tras haber tenido las experiencias de conocer a Marcos por los pasados 10 años sin duda puedo constar que es impresionante la perseverancia de este en su trayectoria hacia el auto-conocimiento, sobre sí mismo, el universo y los dioses. Todo esto marcado por su tenacidad ante el prejuicio, el discrimen y racismo por parte de las personas mitómanas que por envidia y deseos de opresión le intentaron, pero no lograron, obstaculizar y quebrantar su impulso espiritual.

Son por las cualidades ya mencionadas que califico a Marcos como el mejor ejemplo e inspiración que cualquier iniciado, adepto, neófito o postulante deba emular en lo referente a la fuerza de voluntad despierta y consciente que debe tener todo aspirante de los caminos esotéricos y ocultos.

Lening, 2004

Vox Exigua: ¿Cómo fue la primera experiencia con una escuela esotérica?

Marcos: Estaba en el Instituto Cultural Gnóstico, al cual antes iba, diría que fue una experiencia un poco amarga. Porque no fue como mi amigo me lo pinto. Esa gnosis no es para todo el mundo. Al principio todo estaba bien, pero luego comenzaron los comentarios, a juzgar a cierto tipo de persona. Como habla todo el mundo, lo que me molesto no es que hablaran como habla la gente en la calle, sino que hablaran con esa autoridad, juzgando a personas como si ellos fuesen personas libre de pecado. Eso a mí no me gusto por que hablaban con ese convencimiento de ciertas personas no pueden hacer un trabajo esotérico, por ciertas razones y eso a mí no me gustó mucho por que quienes son ellos para juzgar a las personas.
A mí me pareció que en vez de ser una escuela esotérica era una escuela de opresores que lo que hacen es oprimir a las personas. Le dicen que si eres uno de nosotros, pero tienen que pensar como nosotros obligatoriamente, pensar como nosotros pensamos, usa un tipo de recorte. Con esa autoridad de oprimir a las personas como decir hablas nuestro lenguaje o no. A mí no me gusto porque ese tipo de persona ha traído sufrimiento a las personas, esa opresión a través de la historia. Pero como en ese momento no había otra escuela, o por vagancia o porque mis amigos estaban allí, no tomé la iniciativa de buscar otra escuela y decidí quedarme allí por el momento
[…] los mas que mandan, Randy, Alcides, son personas bastante arrogante y le gusta que las personas le rindan culto y son mitómano. Ellos le tiran a los mitómanos, siendo ellos los primeros mitómanos. Ellos quieren que las personas no piensen por sí mismo, si tienes una

pregunta ellos quieren que sólo le preguntes a ellos porque tienen las respuestas. Y si tienes iniciativa propia y te pones investigar esos fenómenos rápido dicen que estas desobedeciéndolos, que estos es un trabajo en grupo. Si haces investigaciones esotéricas por su cuenta, pero eso no es lo que les gusta a ellos porque en muchas de las cosas que ellos dicen son inventadas por ellos. Si tu investigas y lo dices ellos dice que tu estas con las fuerzas negras que eso es mentira. Que uno quiere tumbar el *lumisial*, cuando eso es falso, aparte que están usando sus prejuicios personales para no dejar progresar a las personas dentro del ICG.

Vox Exigua ¿Por qué decidiste continuar?

Marcos: Se habla mucho de virtudes, como la paciencia, así que decidí el trabajar con mi paciencia, y ver si tenían palabra de verdad. Porque se me había prometido unas cosas y quería saber si iban a cumplir. Si me hubiera ido entonces no podría decir nada porque me fui y después me podrían preguntar, en que te basas. Así que me decidí quedar para tener testigos. Ver si son verdaderos y ver si tienen palabra.

Vox Exigua: A pesar de todo, ¿Qué te motiva a continuar?

Marcos: A mí me gustan las cosas difíciles. Es como decir la voluntad, es una fuerza que me lleva a seguir. Porque tampoco le voy a dar el gusto a ellos de sacarme del camino. Aunque haya dicho que para encontrar el camino no es necesario un grupo, pero yo creo que soy bastante terco y voy a estar ahí hasta que se cansen de mí.

Vox Exigua: ¿Vas a continuar estudiando el esoterismo?

Marcos: Diría que si, por lo menos unos cuantos años más, 3 o 4 años más. Si las cosas continúan como van estaré ahí. Después de eso continuaré mi camino, no creo que uno tenga que depender de una escuela esotérica para alcanzar su autorrealización. Porque lo que se dice es el depender de un grupo y si ese grupo se disuelve y las personas se quedan en el aire que van hacer, se van a quedar sin enseñanzas por depender de un grupo. Por eso es mejor prepararse, cada persona es individual, no se pude depender de los grupos, tal vez el grupo puede estar equivocado. Es mejor investigar por su cuenta. Creo que para conocer la verdad no se tiene que depender de grupos esotéricos. Hay veces que personas que no han estado en grupos esotéricos son más espirituales que yo, o que muchas personas que están allá adentro y logran su autorrealización en poco tiempo.

Vox Exigua: ¿Qué me puedes decir de la voluntad?

Marcos: Para mí la voluntad es como una especie de valor que te inspira a seguir hacia adelante en alguna situación de tu vida que sea bien difícil. La voluntad es necesaria, porque sin la voluntad uno puede dejar proyectos a mitad. Creo que la voluntad viene acompañada de alguna fuerza. Porque tienes que ser fuerte para aguantar las cosas que te esperan, los seres humano somos crueles muchas veces podemos herir a las personas, no con heridas físicas, sino con heridas mentales que son las peores que te pueden causar, los complejos que te podrían crear. Por eso digo que hay que ser fuerte y tener mucha voluntad para seguir adelante en las cosas que uno se propone en este camino. Porque uno se va a encontrar muchas cosas, por eso hay que tener voluntad hasta más no poder.

Vox Exigua: Si volvieras en el tiempo harías lo mismo.

Marcos: Creo que sí, porque ahí es que uno adquiere la experiencia para seguir hacia delante. Ya tienes la malicia de saber lo que hay, puedes aconsejar a las personas y si te preguntan en que te basas, les puedes decir. Aun así, si las personas quieren ir, que vayan, no le digo que no vayan que juzguen por sí mismo. Si pudieras borrar algún evento malo de tu vida lo borrarías, algunos dice que sí, yo diría que no. Porque si lo borras entonces de donde adquirías la experiencia la malicia, por eso digo que no.

Vox Exigua: ¿Qué concejo le darías a una persona que comienza en estos caminos?

Marcos: Que vaya lento, que investigue por su cuenta. No crea todo lo que dicen las personas. Porque nosotros las personas podemos utilizar las enseñas para beneficio propio en cuestión monetaria, para estafarlos. Por eso digo que vaya lento por que no sabe si esas personas están prejuiciados y no saben si esta persona te va a *prejuiciar* a ti también. Como nos acostumbran a creer a todo el que está frente a una institución a una iglesia, por eso digo que empiecen lento.

Por eso han sido los grandes problemas de muchas personas, por creerle a alguien que está lleno de defectos y prejuicios, se hacen guerras, se matan a personas injustamente, se hacen unos fanáticos, entonces miran a los demás como si no valieran nada.

Por eso les digo que sean cuidadosos e investigar mucho y no creer todo lo que dice, sacar con pinzas lo mejor y ser bien sabio. No dejar que jueguen con su vida espiritual así, porque la vida espiritual de las personas no es un juego. Uno no puede mercadear con eso, como están haciendo ellos, utilizando el nombre de dios de Cristo para beneficio propio.

Primero, evalúen bien, conozcan a las persona que están allá adentro, no se proyecten de una manera que los puedan juzgan. Que escuchen y no hablen mucho, que sean cuidadoso en lo que le recomienden, si les gusta bien y si no también.

Buscando la Verdad

Estas son las palabras de Marcos sobre Lening:

En el paseo terrenal e individual de nuestro ser nos topamos con dos tipos de personas los que viven temiendo y los que viven para afrontar el miedo. Hay un dicho que dice que si vas a morir de todas maneras es mejor morir luchando que morir sin luchar. He conocido personas que viven para caer y se levantan sin miedo a volver a caer, para volver a caer. Después de todas las caídas nos dan la experiencia y la malicia para no caer. Una de estas personas es Lening, quien a pesar de muchas caídas aún sigue con la frente en alto y la mirada sin miedo. Procediendo como Dios que nunca llora o como Lucifer que nunca reza. Por eso le digo a otros, que están en su mismo lugar que no se sientan esclavos, aunque sean esclavos. Que no se den por vencidos aun vencidos y que vayan feroces consiguiendo su liberación final.

Vox Exigua: ¿Quién eres?

Lening: Un genuino buscador de la verdad. Con el valor de escudriñar la veracidad, aun hasta en sus últimas consecuencias. Esta verdad la he buscado en diferentes ramas del conocimiento tales como, la ciencia la filosofía, el arte y en el mundo espiritual. Sobre esto debo destacar a mi capacidad de mantener una mente abierta como una de las cualidades que más me han ayudado a apreciar las verdades que se encuentran en estas amas del conocimiento así como también para distinguir las mentiras que allí se encuentran.

Para mi fortuna, he tenido la dicha de poder encontrar respuestas a la mayoría de las preguntas que me he hecho en la vida, en las ramas ya señaladas. De mano de maestros y compañeros de los caminos en la búsqueda de la verdad. Respuestas no han sido fáciles de comprender...

Vox Exigua: ¿Es posible ser no genuino?

Lening: Si es posible. Si verdaderamente amas la búsqueda de la verdad no te vas a encasillar, no se conformaría con las primeras respuestas encontradas y ya, ni uno se permitiría caer en auto engaño.

Vox Exigua: ¿Cómo entraste en contacto en el mundo de lo espiritual?

Lening: Al principio como pasa en casi todo el mundo mis primeros encuentros con lo espiritual fueron basados en las creencias a las que me expusieron mis familiares. Es aproximadamente a la edad 6 años que empiezo a tener choques con reglas espirituales. Debido al hecho de que mis primos de 6 y 8 años decían que mi abuela iba a ir al infierno por el simple hecho de ser católica y no pentecostal que era la creencia de la madre de ellos.

Pensar en esto me provocó mucho dolor y más viniendo de mis familiares. Por lo tanto le respondí a mis primos que solucionaría ese problema yendo a ambas iglesias. A lo cual me respondieron que eso no se puede hacer porque sería hipocresía. Por ende este dilema espiritual a esa edad provocó en mi un intenso deseo de querer comprender como era en realidad es Dios.

Más tarde deje de frecuentar la iglesia católica, comencé a sentirme hipócrita. Por el hecho de yo confesar pecados que iba a volver cometer una vez saliera de la iglesia.

Pasando a la común etapa de rebeldía de la adolescencia me comencé a sentir atraído por todo lo que representa la cultura del rock y el heavy metal. Es allí donde me vuelven a nacer inquietudes espirituales. Por tanto buscando comprender la razón detrás de las letras de autores como Bruce Dickinson y Steve Harris me tropecé con un grupo esotérico denominado Gnosis. Creyendo que allí podría encontrar la respuesta a muchas de las interrogantes sobre mi existencia. En ese grupo permanecí por casi 4 años. A pesar del discrimen que se promovía contra las personas que provinieran de la cultura del rock y heavy metal.

Vox Exigua: ¿Cómo es tu relación con el mundo espiritual?

Lening: Debió a un sin número de acontecimientos que me han obligado a reexaminar una y otra vez mi acercamiento a lo espiritual describiría en la actualidad mi relación con lo espiritual como una holística. En la cual busco espiritualizar mi ser en todo lo que hago y todo lo que me rodea. Esto en contraste con mis antiguas costumbre y creencias de que la relación con lo espiritual y lo material se media a través de la devoción de uno para con lo que se enseña en una institución, iglesia o cualquier otro tipo de grupo espiritual.

Vox Exigua: ¿A qué te refieres con espiritualizar?

Lening: Lograr aplicar con dedicación, amor cuerpo y alma la dimensión espiritual del ser humano a cada acción que realice en cada instante en que se vive.

Vox Exigua: ¿Qué es la magia?

Lening: Considero que la magia es uno de los atributos y/o capacidades del ser humano para poder trascender en este mundo las limitaciones que se nos han enseñado acerca de lo que es y no es la realidad.

Vox Exigua: ¿Para qué usas la magia?

Lening: Utilizo la magia para poder amplificar las posibilidades del bienestar propio. También el de las personas que me rodean y a la sociedad en general.

Vox Exigua: Para ti, ¿Cómo funciona la magia?

Lening: Para mí la magia funciona a través de la intención y del pensamiento del quien la emplea. Esto puede ser logrado tanto a través de un ritual organizado como también a través de las simples vibraciones que emanan de los deseos, pensamientos e intenciones de una persona hacia otra persona u otra cosa.

Vox Exigua: ¿Cómo impacto tu vida la magia?

Lening: A veces no sé qué pensar si la ha impactado más en términos de prosperidad o de no prosperidad. Sin duda he visto sus efectos en mi vida en un sin número de ocasiones. De estas me he sentido bendecido por las diversas oportunidades que he tenido en la vida. También he sentido más cuesta arriba el alcance de mis metas a través de estas oportunidades.

Vox Exigua: ¿De qué manera te ha ayudado la magia?

Lening: La magia me ha ayudado muchísimo. A poder tener más acceso a recursos necesarios para la vida. Otra manera que me ha ayudado la magia lo es a través de poderme proveer vistazos hacia como podría ser el futuro. A través de artes adivinatorias tales como el tarot y astrología. Lo cual sirve para uno organizarse mejor en la vida y a evitar situaciones no deseadas.

Vox Exigua: ¿Cuál es tu futuro en el mundo espiritual?

Lening: Como dice un refrán, todas las pasiones son buenas cuando uno está en control de ellas, y todas son malas cuando ellas están en control de uno. Con esto me refiero a que en este momento de mi vida no me visualizo volviéndome a envolver muy de lleno con algún grupo espiritual organizado en el futuro cercano. Claro está esto podría ser unas vacaciones necesarias que mi vida necesita del mundo espiritual organizado.

Aunque mi pasión por la búsqueda de la verdad sigue en pie y no descarto la posibilidad de eventualmente volver a compartir mis ideas y mi vida espiritual con personas que yo entienda que también buscan genuinamente de eso a lo cual llamamos la verdad en el mundo espiritual.

Vox Exigua: ¿Qué le recomendarías a una persona que desea comenzar sus estudios en el mundo espiritual?

Lening: Primero, le aconsejaría que reflexionen bien adentro de su corazón, que es lo que interesa del mundo espiritual. Si lo es el que otros te consideren buena persona o espiritual. Si lo es el obtener títulos o rangos espirituales o posiciones de poder sobre las vidas de otras personas. O si lo es una genuina búsqueda de conocerte a ti mismo para conocer mejor a Dios, el universo y la naturaleza.

En segundo lugar, les aconsejaría que siempre mantengan una mente abierta ya que si Dios es omnipresente y está en todas partes, entonces es demasiado grande para sólo estar representado en una sola iglesia o grupo espiritual. Por esta razón sugiero el que con imparcialidad y mente abierta se analice críticamente toda manera de pensar con la que se entre en contacto. En esto se incluye el

cristianismo, budismos, hinduismo, etc. Esto lo recomiendo siempre
y cuando no se permita que nos dogmatice.

Finalmente, si después de mucho escudriñar, uno se siente más a
gusto y con más afinidad a un grupo en particular también puedo
recomendar el que uno se comprometa a los procesos de disciplina
de un grupo espiritual. Esto siempre y cuando uno este
verdaderamente seguro de que las personas escogidas para ser
nuestro maestros son genuinamente espirituales y viven la vida que
predican.

Una Entrevista Inconclusa

Isidro es a la vez fuente de contradicciones y ejemplo de lo que es ser una persona con un fuerte impulso espiritual. Quien ha demostrado mediante sus acciones lo que es la disciplina de la práctica de una filosofía mística.

Educado en un hogar católico su padre, un Caballero de Colon, lo llevaba consistentemente a la iglesia los domingos y fiestas de guardar, lo enviaron a un colegio católico. Se puede argumentar que isidro es un cristiano practicante. En el sentido que busca poner en práctica las enseñanzas que le dieron de Cristo en la catequesis dominical.

Aparentemente la catequesis no fue suficiente (o fue fuente de curiosidad). Ya que comenzó a estudiar otras fuente y versiones del cristianismo. Isidro es un asiduo estudiante de la *filocalia*. Constantemente nos habla de sus prácticas y de los 'descubrimientos' que había hecho en los libros de la *filocalia*, y lo hacía con verdadera emoción.

Es fuente de contradicción en la segunda parte de la vida espiritual de isidro. Con igual dedicación y emoción isidro se lazo al estudio y práctica del budismo. Hasta logro construir un sistema de correspondencia, donde el budismo no *conflige* con el cristianismo.

Teniendo en cuenta que isidro no fue a la universidad, el logro una hábil aplicación de los arquetipos *junguianos*. Identificando a las figuras de Cristo y María, y todas las demás, con figuras del panteón budista. Sincretizando las prácticas de ambas religiones para lograr un sistema armónico que lo lleve a una sana espiritualidad práctica.

En efecto, Isidro es a la vez un cristiano y un budista.

Lo cual es muy afortunado para mí. Ya que tengo acceso a una persona que me puede explicar a profundidad el budismo, me sirve de contacto en los grupos budistas y más importante, me puede enterar de todo lo que sucede a puertas cerradas… y que historias me hizo isidro.

El budismo tiene una 'mística' de ser una religión (o filosofía) de paz y tranquilidad. Donde sus practicante se esfuerzan por pensar y actuar sin hacer daño a otro ser y buscan desarrollarse personal y espiritualmente. Con todas las historias que isidro me hizo esa imagen se derrumbó.

Para empezar, tengo que confesar que no me sorprendió mucho las historias que isidro me conto. Porque en mis últimas visitas a los centros budistas me había percatado de ciertas discrepancias. Especialmente en lo que se refería al dinero.

Luego de años de financiar la operación de un grupo de estudios budista, aparentemente, a los benefactores se le estaban secando el pozo y requerían contribuciones de los demás miembros del sangha (nombre rimbómbate para la congregación). Pero estos en vez de ser sinceros y presentar un presupuesto de las necesidades económicas, solo decían: da lo que diga tu corazón. Y cuando no dabas suficiente decían: si eso es lo que dice tu corazón.

Lo cual empeoro cuando unos miembros del sangha asumieron roles de liderato y comenzaron con la campaña de recolección de fondos mediante la culpa. Esos que asumieron roles de liderato fueron objeto de una de las historias de isidro.

Generalmente, luego de un tiempo participando de las actividades en un sangha y generar una intencionalidad positiva (se genera un *dharma*), se invita a la personas a tomar 'refugio' (una de las Tres Joyas). Algo que, en teoría, debe salir de la persona espontáneamente. Pero si no se le da la opción, como lo puede hacer.

Luego de tomar refugio, se hacen iniciaciones, y cada una representa un nuevo nivel más alto en la espiritualidad. Nuevas prácticas que realizar y un paso más cerca hacia la libertadora iluminación (por no decir estar más alto en la jerarquía del *sangha*).

Esos nuevos 'lideres' lograron hacer las iniciaciones. Pero no se lo dijeron a nadie, en el sentido que no invitaron o informaron a ninguno de los miembros del sangha que las iniciaciones se iban a realizar y que todos estaban invitados. Luego de realizadas, le dijeron a todos que las habían hecho en Nueva York y los que las quisieran las podían hacer en España. Donde, muy parecido a los tours de las bandas musicales, el ciclo de iniciaciones continuaría.

Pasarían años antes que se volvieran a dar esas iniciaciones geográficamente cerca.

Nueva York se ha convertido en una especia de 'el centro de todo'. Así que no debe sorprender que se puedan encontrar centros budistas por todo Manhattan y que estos sirvan como centros de acopio para los interesados en visitar o ingresar a un monasterio budista. Isidro termina en una de esos monasterios.

Verdaderamente el no pudo acoplase a una vida monástica. No por falta de deseos de llevar una vida de contemplación. Sino por los cambios en el clima afectaron adversamente su salud. Así que isidro tuvo que regresar. Las historias de un monasterio en EE.UU. son más que interesantes y sirven para desmitificar el aura de santidad que en ellos se nos ha hecho creer.

La matrícula del monasterio era mixta. Tanto en razas como en género. Aparentemente no había suficientes personas de un mismo género como para justificar establecer un monasterio unisex. O dinero para construir complejos separados.

Era muy entretenido escuchar de las escapadas sexuales que esos aspirantes a monjes (y personas en retiro espiritual) realizaban durante sus veranos en el bosque. Y de las que hacían cuando hacía mucho frio. De las veces que se iban a la cocina a tomarse el alcohol que el cocinero contrabandeaba y del uso de drogas mientras se cocinaba.

Lo peor era escuchar como el 'abad' del monasterio y otros líderes no se daban cuenta de lo que estaba sucediendo o peor aún, se daban cuenta pero no hacían algo para detenerlo. Jamás lo sabremos a ciencia cierta.

Lo que sí se sabe es que por sus actitudes todo continuaba norma en el monasterio.

Esa desconexión con la realidad se daba fueran del monasterio. Luego de Nueva York, Isidro regresa a Puerto Rico y busca ingresar a las comunidades budistas que había en la ciudad. Y muchas historias nos contó del Roshisito.

Un Roshi es un líder espiritual de una comunidad budista…
reconocido por la comunidad como una persona de gran progreso
espiritual y sabiduría. Quien puede ayudar a guiar a otros hacia la
iluminación. El abad del monasterio donde estuvo isidro se
consideraba como su Roshi.

Diariamente este impartía enseñanzas y ofrecía 'consultas'
individuales a los miembros del monasterio. Roshisito había visitado
ese monasterio y quedo muy impresionado como el Roshi.

Así que cuando regresó a Puerto Rico, él también quería ser un
Roshi en su comunidad. Pero las posiciones de líder en otras
organizaciones budistas ya estaban tomadas. Eso no importaba, ya
había comenzado a formar en su escuela de artes marciales una
comunidad budista.

Al estilo del Roshi de Nueva York, Roshisito comenzó a impartir
enseñanzas a sus estudiantes de artes marciales. Antes de comenzar
las clases lo ponía en 'posición de meditación' leía un extracto de
algún libro sagrado budista y le decía a sus estudiantes que meditaran
sobre lo leído y repetía lo mismo luego de terminada la clase de artes
marciales.

También separó un tiempo para hacer las consultorías
individuales. Cuanta furia y frustración sintió cuando nadie
aprovechó la oportunidad de compartir la gran luz y sabiduría que de
él salía. Luego Roshisito sufriría otro gran agravio.

Otro grupo budista quería establecerse en la ciudad. Esta era otra
tradición budista (como decir católicos, evangélicos, bautistas, etc.) y
querían ofrecerse como alternativa a las escuelas existentes.

Así que ellos le pidieron ayuda al budista que conocían en la ciudad con salón disponible. Obviamente no podía negarse. Sería muy mezquino de su parte no permitirles a otros budistas utilizar sus facilidades para esparcir la luz del budismo.

Roshisito dejó que usaran su escuela de artes marciales… y nada más. No participó clase alguna. Ni dio promoción. Solo les dejaba las llaves 'debajo de la alfombra' para que ellos usaran el salón… y de vez en cuando se le olvidaba dejar las llaves y tener prendido su teléfono.

Eventualmente la incursión en la ciudad de ese grupo fracasó en establecer raíces… y Roshisito terminó cerrando su escuela de artes marciales y de dar consultorías espirituales. Pero grupos budistas siguen dando tumbos en la ciudad…

Isidro tiene muchas historias… del cabalista que abandono a un grupo de estudiantes a medio camino… de los gnósticos que abandonaron a uno de los suyos… del grupo que estudiaba los ovnis y otros fenómenos paranormales…

Para enterarse de esas historias tiene que buscar a isidro y cucarle la lengua, no se arrepentirán.

PROSTITUCIÓN ESOTÉRICA

De esos lugares que visité

Alejandro Ortiz

Rincón de la Prostituta Esotérica

"En donde reportamos de los lugares que visitamos. Visitando, Analizando y desmitificando desde que comenzó el 2000"

Prostituta Esotérica: persona que frecuenta, coquetea y llega al punto del coito esotérico, sin tener la intención de compromiso con las diferentes religiones, cultos y órdenes místico-esotéricos. A principio del 2000 existieron un grupo llamado Las 5 Grandes Prostitutas Esotéricas (ya desbandado), hoy la función de prostituta esotérica recae en individuos.

B.S. Detector

El BSD es una escala desarrollada por el neurocientífico Dr. LaoF. Esta ha sido adaptada a la población místico-esotérica de Puerto Rico por el psicólogo Dr. Tnk.

El BSD está diseñado para detectar las inconsistencias y faltas de certezas en los planteamientos (las incoherencias) y practicas (los disparates en las técnicas) que se pueden encontrar en los grupos místico-esotéricos. El BSD utiliza una escala al estilo *Lickert* con una puntuación que va desde 1 hasta el 5 en forma ascendente. El 1 implica que son mínimos los errores encontrados; un 5 implica que los errores son tan crasos que lo único que se puede hacer es huir de esa gente y olvidar que fueron conocidos.

Nos Invitaron… Cábala

Uno de nuestros miembros aceptó una invitación a tomar unas clases de cábala. Desde que Madonna y sus colegas artistas decidieron tomar clases de la cábala, está muy de moda que los fanáticos de estos artistas también la estudien. Por un lado es dañino, ya que meros curiosos y oportunistas desvirtuarán lo que es la cábala, pero por otro lado es beneficioso para aquellos que la estudian por convicción ya que nuevas oportunidades se abren para estudiar nuevas perspectivas.

El Grupo de *Kabbalah* de Puerto Rico es uno que está afiliado con el Centro de *Kabbalah* fundado hace unos 80 años por el Rabino Berg. En la actualidad con oficinas centrales en California, EE.UU. La esposa de Yehuda Berg, Karen, ha sido mencionada como la maestra de cábala de Madonna.

El Grupo de *Kabbalah* de Puerto Rico se dedica a organizar clases de cábala judía en la en la isla. Inclusive tiene disponible para la venta los libros publicados por el Centro de *Kabbalah* y direcciones electrónicas para organizar sus conferencias.

Una de las características más peculiares de este grupo es la manera en que ofrecen sus conferencias. Utilizando los avances de la tecnología el conferenciante no está en Puerto Rico. Utilizando el medio de video conferencia por internet logran que un instructor del Centro de *Kabbalah* en California imparta su conocimiento.

Esta es una manera novedosa de impartir conferencias y es un testimonio de que verdaderamente ya no existen fronteras al conocimiento. Claro el costo de las conferencias es elevado si se toma en cuenta que las facilidades no son permanentes (se utilizan salones de universidades y hospitales) y la recensión actual de la economía puertorriqueña.

Se entiende la necesidad del cobro de una cuota. Pero lo que no se entiende es por qué la mayoría de estas cuotas tienen que ser enviadas a personas fuera de la isla. El precio se incrementa al añadir que el espacio para aclarar las dudas es muy limitado y sólo se le puede pueden dirigir las mismas al personal en California (o donde este en ese momento el conferenciante).

En general la experiencia para una persona interesada en cábala será buena. Siempre y cuando esté dispuesto a pagar las cuotas que se piden por el conocimiento impartido. El lenguaje es uno simple, y el ritmo es lo suficientemente pausado para que se pueda asimilar la información con facilidad.

Para un estudiante con conocimientos intermedios o avanzados de cábala las clases no le han de tener la suficiente sustancia como para retener su atención. En la experiencia de nuestro visitante, cuando hizo preguntas, se le contesto que las respuestas estarían en los niveles más avanzados (los cuales tiene un costo adicional).

El Rincón de la Prostituta Esotérica

"En donde reportamos de los lugares que visitamos. Visitando, Analizando y desmitificando desde que comenzó el 2000"

Prostituta Esotérica: persona que frecuenta, coquetea y llega al punto del coito esotérico, sin tener la intención de compromiso con las diferentes religiones, cultos y órdenes místico esotéricas. A principio del 2000 existieron un grupo llamado Las 5 Grandes Prostitutas Esotéricas (ya desbandado), hoy la función de prostituta esotérica recae en individuos.

La Hermandad de la Triada

Paulo Coelho, Deepak Chopra y Carlos Castañeda presentan en sus libros una espiritualidad alternativa. La cual se sale de la norma, a la vez que es 'light' y 'cool'. Esas versiones de espiritualidad de "pocas calorías" son necesarias para las personas que sienten que la espiritualidad convencional no es suficiente. Sin embargo, por alguna razón no se lanzan de lleno a los aspectos más profundos de una espiritualidad sofisticada.

En Puerto Rico hay toda una plétora de prácticas místico religiosas. Algunas son meras modas pasadas que personas mantienen porque en algún momento fueron relevantes. Una de las prácticas místicas que está de moda es el wicca.

Una de las escuelas del ocultismo 'light' es el *wicca*. Por un lado ha sido aceptada en la mayoría de las agencias gubernamentales como una religión. Y es lo suficientemente inofensiva como para que las personas la puedan practicar sin temor de ser discriminadas o de estar incurriendo en prácticas muy aberradas.

Las enseñanzas wicca de la actualidad son, principalmente, una mezcla de filosofía naturalista, feminista, budista, druida y un ritualismo influenciado por la Aurora Dorada y Aleister Crowley. Estos efectúan rituales en los cambios de las estaciones europeas y otras ceremonias que principalmente tienen que ver con la adoración de la mujer como madre, la protección y prosperidad.

Es a un grupo wicca donde nos han invitado.

Cuando llegamos al lugar comenzamos por las esperadas (y obligadas) introducciones con los miembros de la Hermandad de la Triada. En su mayoría mujeres y unos pocos hombres que no podrían conseguir pareja en otro lugar y que han jugado demasiado *Dungeons and Dragons*. Luego nos dieron el obligado tour por su tienda de artefactos y materiales necesarios para realizar el trabajo mágico. Éramos nuevos al grupo, así que éramos clientes potenciales.

En lo que esperábamos el comienzo de la ceremonia escuchamos una diatriba del sacerdote del grupo. Esta era una argumentación estereotipada del sacerdocio y el rito católico. De cómo la parte femenina había sido eliminada de la misa católica. Elaborando, para que un ritual sea efectivo es necesario un balance de fuerzas, donde un hombre y una mujer sean los que dirijan el ritual.

Concluyendo que por eso los rituales wicca eran superiores. Porque se incorporaba la energía masculina y femenina. Lo que nos pareció extraño fue el hecho que una vez termino su diatriba, este se despidió, y se fue del lugar.

La ceremonia que íbamos a presencial era la de *Ostara*, la cual marcaba el equinoccio en marzo. Se nos dijo que esta se refería a la renovación de la primavera luego del largo invierno, o algo así. Lo cual debe ser algo tradicional y en solidaridad porque en un país tropical ese concepto "del largo invierno" no es aplicable.

La ceremonia comenzó de manera estándar, con la limpieza ritual y las conjuraciones de los elementos. Luego comenzó la ceremonia. Lo que nos pareció extraño era que la sacerdotisa realizó la ceremonia sin un sacerdote. Considerando la diatriba que tuvimos que soportar de un macho petulante, creíamos que veríamos una ceremonia realizada con todos los rigores de su dogma. Mas cuando habían otros miembros varones de la Hermandad de la Triada.

Otro aspecto que nos chocó es la falta de cohesión ritualista. Por una parte había miembros que estaban completamente concentrados en su labor dentro del ritual. Mientras que otros no lo estaban, principalmente la sacerdotisa. Esta parecía estar más preocupada por lo que estaba sucediendo en la calle que en la realización de la ceremonia.

De nuestra visita podemos destacar estos aspectos:

1. Hay muchas mujeres bellas.
2. Tienen una tienda con todos los implementos necesarios para hacer trabajos mágicos.
3. Tienen facilidades para realizar los trabajos.

Puntos en contra:

1. No son serios en la realización de los rituales.
2. No hay una verdadera cohesión de grupo.
3. Si no eres un Brad Pitt o Ricky Martin (con todo lo que implica) no te harán participe de las ceremonias.

Si nos vuelven a invitar de seguro que regresaríamos, no por la calidad de la práctica, ya que buenos ritualista no son, pero tienen bellas mujeres, un buen festejo después de la ceremonia y una muy buena tienda donde puedes encontrar los artefactos extraños para realizar extrañas ceremonias.

Sujeto de Estudio:
Hermandad de la Triada

Luego de una exposición de 4 horas, máximo nivel de B.S. alcanzado: 3

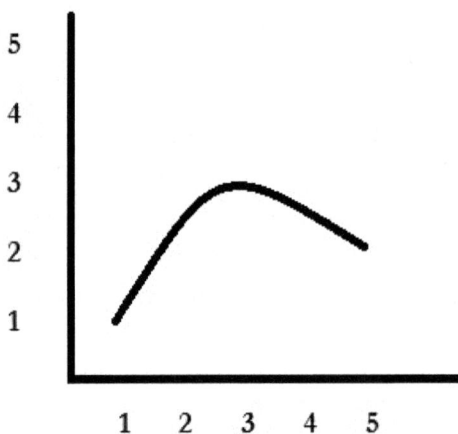

Interpretación
El B.S. aumenta en dos momentos: cuando se le está tratando vender los artículos de su tienda esotérica y cuando ejecutan los rituales. Las cualidades redentoras de la institución sobrepasan sus defectos.
Recomendación
Participe con la advertencia que no hay verdadero dominio y poca consistencia en la técnica de los rituales.

Rabino, Cabalista y Puertorriqueño

Tuvimos una rara oportunidad… fuimos invitados a una clase de cábala impartida por un rabino. El rabino estaría en el país y la Fundación de Nuevo Pensamiento organizó un seminario (en dos secciones diarias) de cábala. Estábamos completamente emocionados. ¡Esto sería una de las pocas ocasiones en que podríamos recibir instrucción en un tema que nos fascinada de un rabino!

Cuando llegamos a la Fundación de Nuevo Pensamiento, localizada en la calle Salud de la cuidad Ponce, pudimos saludar al rabino. Lo que nos sorprendió fue que este era puertorriqueño. Nos deleitó la posibilidad de un rabino y cabalista puertorriqueño. Más aun fue su historia de vida, de como este se desarrolló hasta llegar a ser lo que era en ese momento. El ahora Rabino *Yakob ben Ishrael* en algún momento fue el mago ritualista Ramón.

Parte de la historia de vida de Ramón es que este comenzó su búsqueda por el conocimiento cabalista siendo un mago ritualista. En sus estudios de la magia ceremonial encontraba referencias a la cábala. Eventualmente, en su búsqueda de compresión de la magia, entendió que para poder entender la vida espiritual tenía que dejar la práctica de la magia y dedicarse a al estudio cabalístico.

En la cábala encontró los medios necesarios para poder entender la creación y las leyes que la gobernaban. Pero más importante le daba los instrumentos para algún momento estar lo suficientemente evolucionado para poder conocer al creador mismo.

Para esto se relocalizó en EE.UU. y se convirtió al judaísmo, hasta que eventualmente logró su ordenación como rabino. Ahora, con gran experiencia y vasto conocimiento, estaba en el país.

El seminario fue intenso. Comenzó desde lo más básico explicando que era la cábala y su historia hasta la realización de meditaciones cabalistas y rituales de bendición judaica. Todo enmarcado dentro de lo que eran las enseñanzas cabalistas del Rav Michael Laitman y *Benei Baruch*.

Lo que distinguió al Rabino Yakob fue su candidez al momento de las preguntas y respuestas. A diferencia de otros grupos que reclaman enseñar cábala, este no puso trabas al momento de contestar. Fue claro y conciso, y cuando no sabía la contestación lo admitía y nos refería al texto al cual debíamos buscar. Inclusive se ofreció a buscar la información y que contactarnos por correo electrónico.

Es meritorio mencionar que el Rabino Yakob no cobro por las charlas. Y todo lo que se recogió de las donaciones fue para las arcas de la Fundación de Nuevo Pensamiento.

Lo cual es una gran diferencia al otro grupo de 'cabalistas' que visitamos. Los cuales nos dijeron que para poder contestar nuestras preguntas deberíamos estar matriculados en sus cursos y pagar los honorarios de matrícula y las contestaciones serian basadas en cuanto pudiéramos pagar.

Luego de esta actividad muchos buscamos más información de *Benei Baruch*. Algunos completamos todos los cursos básicos e intermedios de esta escuela cabalista. Ya que esta ofrece su instrucción libre de costo, pero exige gran compromiso para poder recibir las enseñanzas.

Uno de los puntos bajos de la actividad fue la intromisión de los gnósticos de Samael. Estos no participaron del primer día del taller y sólo estuvieron parte del segundo día. Sin embargo durante la sección de preguntas y respuestas estos mostraron cuan impertinentes pueden ser.

Siendo la cábala un sistema eminentemente judío/hebreo y los gnósticos de Samael (unos supremacistas del indigenismo latinoamericano), no era de esperar que estos cuestionaran la validez del conocimiento cabalístico desde la idiotez. Donde estos le reclamaban a Rabí Yakob el por qué dios/la ley/el cósmico le daría a los judíos/hebreos y no a otros grupos.

Rabino Yakob los despachó de manera sencilla, dios/la ley/el cósmico se expresa de diferentes maneras en lugares diferentes. Más aún, muchos de los presentes defendimos al Rabino, de un ataque infundado. Después de esto los gnósticos de Samael no se atrevieron a volver a hablar.

De todas las experiencias en la prostitución esotérica, esta ha sido una de las más gratificantes. Es altamente recomendado que las personas busquen la instrucción del Rabino Yakob ben Israel o de *Benei Baruch*. Este será un tiempo bien invertido.

Sujeto de Estudio:

Clases de Cábala impartidas por el Rabino Yakob ben Ishrael

Luego de una exposición de 48 horas, máximo nivel de B.S. alcanzado: 1

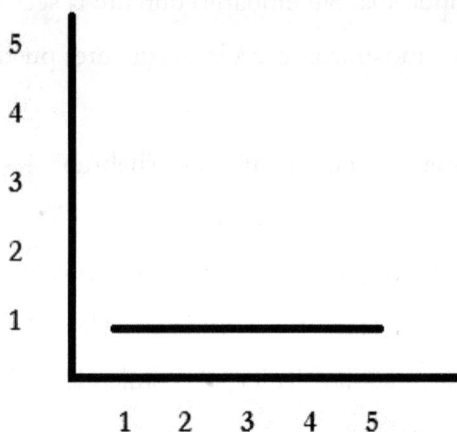

Interpretación

El B.S. se mantiene en bajo niveles. Esto implica que no hay grandes problemas con las enseñanzas o actitudes institucionales. Se repitió la prueba varias veces para confirmar los bajos niveles.

Recomendación

Participe con la confianza que no le han de engañar o tomar el pelo.

Otra y Otra Gnosis

En Puerto Rico la principal organización dedicada a esparcir las ideas de Víctor Gómez, alias Samael Aun Weor, lo es el Instituto Cultural Gnóstico. Esto se debe a su agresiva predica y sistema educativo que permite a las personas unirse a su Segunda Cámara luego de 21 charlas públicas, su Primera Cámara. Esta tiene su principal sede en Venezuela y hasta principios del 2000 su líder era el "Venerable Maestro *Laskmi*".

Por sus posiciones podemos decir que esta organización son los fundamentalistas del esoterismo. El hombre es el jefe de la familia y proveedor; las mujeres tienen que usar falda, cuidar del hogar y tener el pelo largo; se puede tener sexo, pero se prohíbe llegar al orgasmo; expresan un odio irracional por todo lo moderno, el intelecto y los homosexuales; y, cualquier otra organización espiritual es degenerada o parte de la "Venerable Logia Negra".

Es meritorio mencionar que luego de la muerte por cáncer de Víctor Gómez en los setentas, la gnosis samaelina tiene docenas de grupos que reclaman ser el original y docenas sobre docenas de personas que reclaman ser el verdadero "Venerable Maestro" sucesor.

La segunda organización de importancia en Puerto Rico lo es la Asociación Gnóstica de Estudios Antropológicos y Científicos. Esta no predica de manera tan agresiva, su primera cámara dura aproximadamente un año, y son más liberales que el ICG. Su sede está en España y su líder es el Oscar Uzcategui.

Este ha tomado el nombre de iniciado de *Kwen Khan*, y ha 'agraciado' a los gnósticos de la AGEAC con su visita y una serie de conferencias públicas. A la cual nos invitaron.

Luego de las acostumbradas gracias por participar y la biografía mística (o fantasías) de Oscar, comenzó su charla. Que extrañamente fue sobre los dogmas básicos de la gnosis de Samael.

Mencionó sobre la alquimia sexual y los beneficios que esta da y cuan necesaria es para el progreso espiritual de los iniciados. Donde ninguna organización espiritual que no tenga el trabajo sexual no es completa, por lo cual la persona sólo puede progresar limitadamente.

En el momento en que los participantes comenzaron a dejar el salón fue cuando Oscar dio la clave de cómo lograr que los extraterrestres visitaran su casa. Este hizo el dibujo que las personas tenían que hacer en el techo de sus casas. El cual tenía que ser hecho con pintura amarilla, porque ese era el color idóneo, ¿Por qué creen que muchos mojes budistas utilizan ropajes amarillos?

Claro, que sólo hacer un dibujo en el techo de su casa no es suficiente. Además se tenía que estar sin fornicar y realizar un mantra especial que sólo se les enseñaba a los miembros de las más altas cámaras dentro de AGEAC.

Luego de la conferencia se abrió el piso a preguntas y respuestas. Lo interesante es que Oscar evitó todas las preguntas difíciles sobre las enseñanzas de todas las preguntas difíciles que se le hacían sobre la gnosis de Samael.

Obviamente se le preguntó sobre la alquimia sexual y si era cierto que se prohibía la eyaculación. No contestó. Se le llevó información sobre un grupo llamado Sobrevivientes de la Gnosis. Lo único que dijo fue que conocía de ellos.

Luego se le preguntó sobre los rituales que la gnosis de Samael efectúa. En específico se le mostró el ritual de segunda cámara y como este era una versión de la misa gnóstica de Aleister Crowley. Ante lo cual simuló completa ignorancia.

Tampoco quiso tocar los casos de abuso dentro la gnosis que se han reportado.

A la única conclusión que podemos llegar es que, no importa cuál sea el grupo gnóstico que se visite, el nivel de incredulidad (o desajuste metal) es increíble.

Por demás está decir que después de esta experiencia nunca más pisamos un *lumisial* gnóstico.

Sujeto de Estudio:

Asociación Gnóstica de Estudios Antropológicos y Científicos: También conocido como "La Gnosis" o "Gnosis de Samael"

Luego de una exposición de 100 horas, máximo nivel de B.S. alcanzado: Indeterminado, el BS es tan alto que se sale de la escala de lo posible.

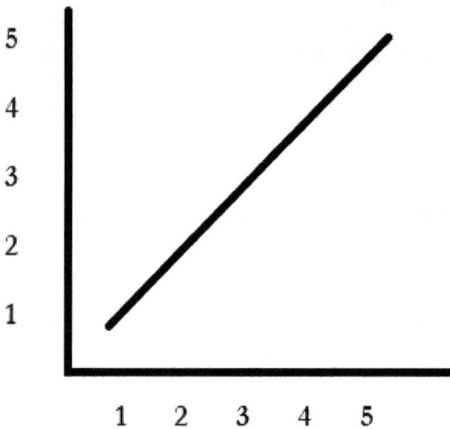

Interpretación

El crecimiento del BS es exponencial. Existe una relación positiva, a mayor la exposición mayor será el BS. Esto implica que la filosofía de la institución y/o la institución misma no toleran el escrutinio por personas de inteligencia promedio, mucho menos por personas inteligentes o educadas. Es un lugar donde personas ignorantes o psicóticas estarían muy a gusto.

Recomendación

¡NO SE ACERQUE A ESTE LUGAR!

Nota: Este es el mismo resultado del Instituto Cultural Gnóstico.

Cerro del Bohique

En la exageración está el humor
George Carlin

Querido diario, te escribo en la más grande desesperación. Mi corazón y alma están tan afligidos. Sólo puedo recordar una experiencia en mi vida esotérica que sea más traumática que la que sufrí anoche (esa te la cuento después).

Mi amigo, al cual no sé si llamarlo de esa manera después de lo que me hizo vivir, me llevó a un cerro donde se suponía estaría un bohique, con su tribu. Personas muy amables, vestidos de blanco o colores pasteles. ¡OH, vida! Cuan engañado fui. No porque fueran malas personas o porque hablaran bobadas sin sentido. En realidad hablaban de asuntos nada trascendentales, eran las simplezas que se pueden encontrar en los libros de Cunningham o los de González-Wippler. Mi horror fue cuando comenzó la supuesta ceremonia indígena. Digo supuesta porque, ¡que mezcolanza era eso!

De entrada todas las personas que estaban allí (luego de pagar por la entrada) tenían que participar. No importaba su escuela o filosofía esotérica (hasta los satánicos). Tampoco importaba sus estudios o practicas (supongo que un Probationer es lo mismo que un Adeptus Mayor o un Ipsisimus). Sólo necesitaban estar sentados en sus sillas con sus palomitas de maíz y soda en mano para observar el espectáculo. Y claro si no participabas los malos espíritus que rondaban las afueras del círculo mágico te iban a comer. Buuuaaaahahahahaha.

El inicio de la ceremonia era una limpieza de cada uno de los participantes. Venia el Gurú con sus lacayos y bellas asistentes (porque las chicas más lindas eran las que lo ayudaban). Cualquier persona que viva en esta isla podía reconocer el tipo de "limpieza" que estaban haciendo. Era algo en la línea espiritismo y santería, y se suponía que estábamos haciendo una ceremonia indígena. Lo único que podía hacer era cerrar los ojos cuando me golpeaban con las ramas mojadas y aguantar el destornudo cuando me pasaban el incienso barato por la cara, y rogar que los tambores no te dieran dolor de cabeza.

Claro hay que darles participación activa a los visitantes. Porque si no estos se han de aburrir, y para que hemos de ir, si no es para participar en un ritual indígena tan antiguo que no se sabe de dónde salió. ¡AH! Pero todos no pueden ser los elegidos para participar. Si las asistentes, sacerdotisas ordenas por el Gurú son bellas, personas bellas tienen que ser elegidas para participar activamente en la ceremonia. Hay que mantener la simetría de la hermosura de la antigua ceremonia indígena.

Los elegidos por sus muy altas cualidades recibieron las avanzadas instrucciones de los indígenas que allí estaban ataviados con plumas y batas blancas. Es decir le dieron los papeles de lo que tenían que decir para invocar algún poder elemental. Que lo muy probable los bellos elegidos jamás habían escuchado antes. Y también se les dio los instrumentos mágicos con los cuales encenderían el fuego ceremonial que se encontraba en el centro del enorme círculo: periódicos y un encendedor.

¡OH! Mi querido diario cuanto tuve que resistir las ganas de pararme y ayudar los pobres elegidos. Parecía que ninguno fue niño o niña explorador. ¡No podían encender la llama sagrada! Pero no hubo necesidad de dejar mi cómoda silla, los lacayos del Gurú le enseñaron a los elegidos la forma ceremonial de encender el fuego sagrado: gasolina.

Por toda la sabiduría y conocimiento místico que los lacayos del Gurú exhibían, esperaba que cuando él comenzara a efectuar la antigua ceremonia indígena eso sería un verdadero privilegio. ¡AH! Bendita decepción que me acechas en todos lados. ¡El gurú no sabía pronunciar los nombres indígenas correctamente! Cualquier persona que hubiese visto la película de Kevin Costner, Danzando con Lobos, lo hubiera podido pronunciar mejor.

Claro mi error fue el no preguntar porque lo pronunciaba de esa manera. Podía ser que tuviera problemas del habla, pero el miedo que me dijera que esa era la pronunciación correcta, la cual fue pasada como gran secreto hermético, me impidió preguntar. O más bien el miedo a un infarto si me hubiese dado esa explicación. Me estoy mintiendo, porque sé que si esa era su razón me le hubiera reído en la cara, y mis carcajadas hubiesen invocado a un espíritu perverso, o algo así.

Pensándolo bien, sé que vieron Danzando con Lobos muchas veces, demasiadas veces. Porque había una anciana que berreaba tratando de imitar los cánticos de un lacota. Pero cuando le pregunté qué era lo que decía no me supo contestar. Peor, el patético intento de danzar alrededor de la fogata como lo hacían los nativos americano en Danzando con Lobos, hizo que mi decepción pasara a convertirse en desesperación.

En muy pocas ocasiones he sentido un impulso irresistible de salir corriendo de un lugar. En muy pocas ocasiones he sentido ganas de levantarme en medio de una ceremonia y preguntar: ¿!Qué diablos están haciendo!? No lo hice. Por temor a mi seguridad física. Uno nunca sabe cómo locos de ese nivel han de reaccionar a cambios brusco.

Así que después de ver a una mujer arrodillada en el suelo, rascando la tierra como lo haría un esquizofrénico en un brote sicótico, teniendo la aprobación de los que estaban allí, salí del círculo de protección (no esperé a que comenzara a comer tierra). Prefería enfrentarme a los supuestos espíritus malignos que frecuentan las ceremonias indígenas que tiene una finalidad de "luz", a enfrentarme a los disparates y psicosis de un grupo el cual hubiera preferido no conocer.

Agarrando el amuleto mágico que siempre me protege en situaciones como estas, las llaves del auto, me encerré en él a esperar a mi "amigo". Quien estaba muy ocupado intentado levantar a una de las sacerdotisas a la vez que trataba de sacarle el número de teléfono a una de la elegidas.

Por demás está en afirmar, jurar y perjurar que jamás volveré a ese lugar. Y a mi amigo de alguna forma de voy a desquitar el sufrimiento que me ha causado sólo por el estar detrás de una falda (la cual no era ninguna de las dos antes mencionadas).

Así, querido diario, sírveme de conciencia y siempre acuérdame de no ver demasiadas veces a Danzando con Lobos.

Hasta la próxima,

B.S. DETECTOR

Sujeto de Estudio:

Cerro del Bohique: También conocido como:
Centro Ceremonial Indígena y de Sanción Alta Luz

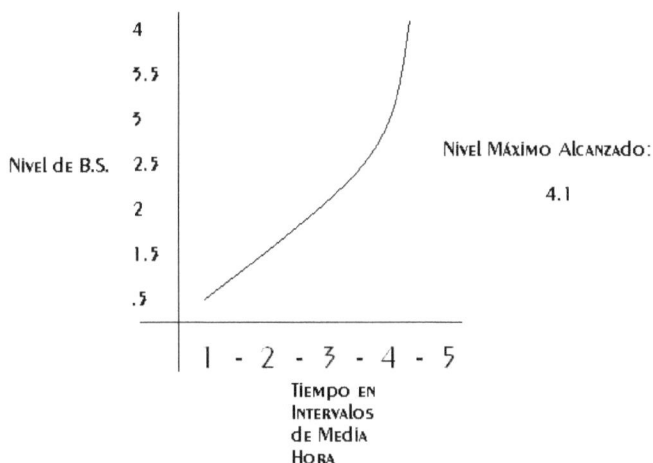

Nivel de B.S.

4
3.5
3
2.5
2
1.5
.5

Nivel Máximo Alcanzado:

4.1

1 - 2 - 3 - 4 - 5

Tiempo en
Intervalos
de Media
Hora

INTERPRETACIÓN

Este nivel implica un alto nivel de B.S. Esto sugiere grandes huecos en las Teorías institucionales y/o Errores importantes en la implementación de su técnica. Recomendación: ¡Estar listo para salir corriendo!

Prostituta Esotérica: Viñetas de Estudio

BS Detector: Un detector de tonterías, falsedades, medias verdades, mentiras, etc...

Las siguientes son una serie de viñetas sobre los estudios de campo realizados por las 5 Prostitutas Esotéricas. Estas viñetas buscan ilustrar de manera breve cuáles son sus opiniones de estos lugares.

B.S. Detector

Sujeto de Estudio:

Teosofía: Sociedad Teosofía y las Logias Unidas de
la Teosofía

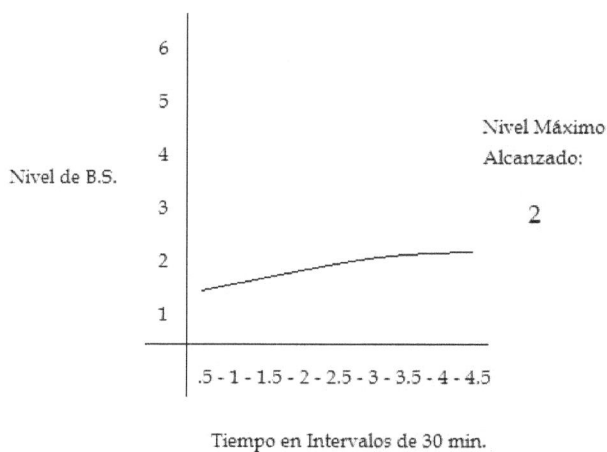

Nivel de B.S.

```
6
5                        Nivel Máximo
4                        Alcanzado:
3                            2
2
1
   .5 - 1 - 1.5 - 2 - 2.5 - 3 - 3.5 - 4 - 4.5
```

Tiempo en Intervalos de 30 min.

Interpretación

Todo el B.S. esta puesto a la vista. No hay nada que descubrir.

Recomendación: Visítelo, su sinceridad con lo relacionado al B.S. es refrescante.

B.S. Detector

Sujeto de Estudio:

Espiritualismo Científico: También conocido como
"Espiritualismo Kardeciano" o "Espiritismo".

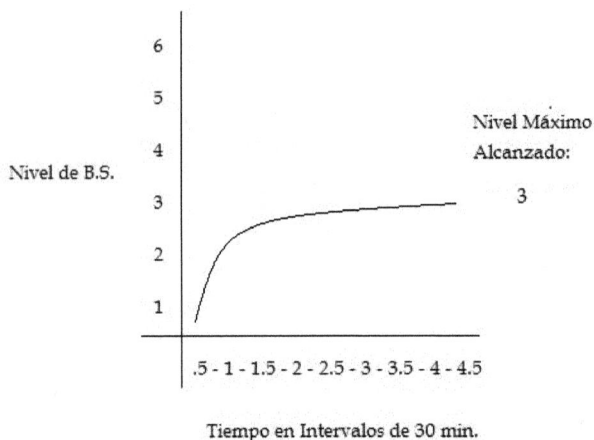

Nivel de B.S.

Nivel Máximo
Alcanzado:

3

Tiempo en Intervalos de 30 min.

Interpretación

La forma de comportarse de esta curva se refiere a que el B.S. es
descubierto de manera rápida. Pero, se mantiene estable durante la
duración de la experiencia.

Recomendación: Participe si cree que espíritus controlan su destino.

B.S. Detector

Sujeto de Estudio:

Antigua y Mística Orden Rosacruz, Gran Logia Hispana:
También conocida como AMORC y los "Rosacruces".

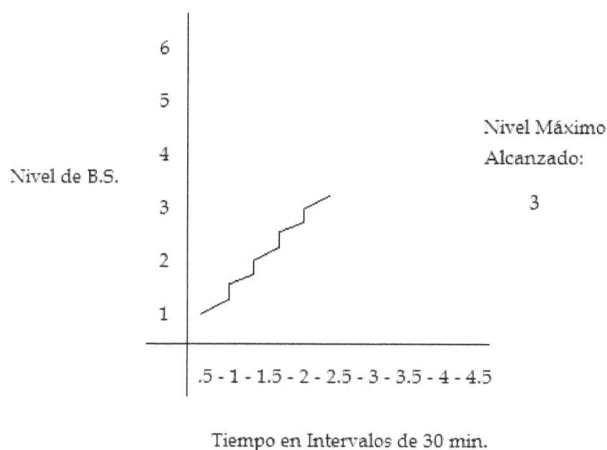

Nivel de B.S.

Nivel Máximo
Alcanzado:

3

.5 - 1 - 1.5 - 2 - 2.5 - 3 - 3.5 - 4 - 4.5

Tiempo en Intervalos de 30 min.

Interpretación

El B.S. se desarrolla por de manera súbita y escalonada. El cual se produce
por los líderes, su interpretación de los reglamentos y la falta de habilidad
administrativa, y la utilización de lo místico para justificarse.

Recomendación: Participe de las actividades. Manténgase alejado de los rosacruces.

B.S. Detector

Sujeto de Estudio:

Church of Scientology: También conocida como "Scientology", la "Iglesia de L. Ron Hubard, el escritor de ciencia ficción" y la "Religión loca esa de Tom Cruise".

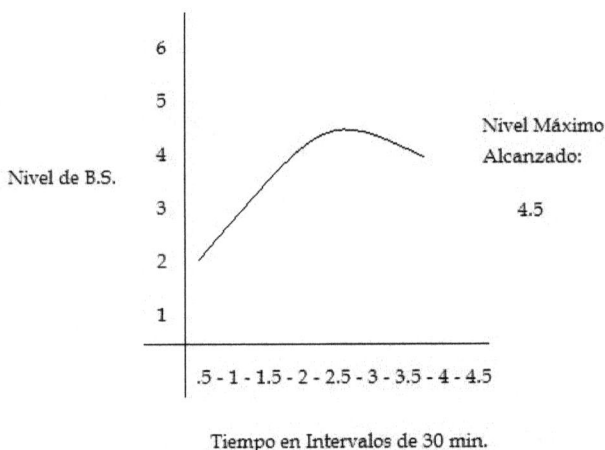

Nivel de B.S.

Nivel Máximo Alcanzado:

4.5

.5 - 1 - 1.5 - 2 - 2.5 - 3 - 3.5 - 4 - 4.5

Tiempo en Intervalos de 30 min.

Interpretación

El Scientology comienza con un nivel alto de B.S. y mientras más tiempo se pasa mayor es el potencial de experimentarlo. Sin embargo, Scientology tiene la peculiaridad que después que se ha conocido a Xenu, el B.S. disminuye.

Recomendación: Participe si le gustan las historias de ciencia ficción y dar constantes donaciones de su dinero.

B.S. Detector

Sujeto de Estudio:

Instituto Cultural Gnóstico: También conocido como "La Gnosis" y "Gnosis de Samael".

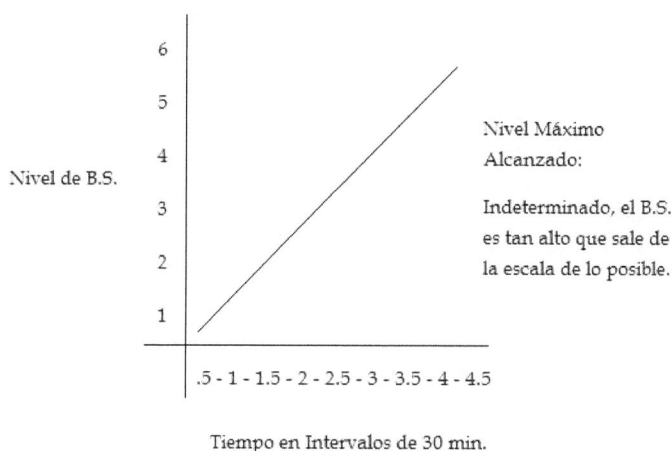

Nivel Máximo
Alcanzado:

Indeterminado, el B.S. es tan alto que sale de la escala de lo posible.

Tiempo en Intervalos de 30 min.

Interpretación

El crecimiento de B.S. es exponencial. Existe una relación positiva, a más tiempo más B.S. Esto implica que la filosofía de la institución y la institución misma no toleran el escrutinio por personas educadas e inteligentes. Es un lugar donde personas ignorantes o psicóticas estarían muy a gusto.
Recomendación: ¡NO SE ACERQUE A ESE LUGAR!

Alejandro Ortiz

OBITUARIOS

De las personas que conocí en las órdenes esotéricas y fraternales

y desearía jamás haber conocido

Alejandro Ortiz

Obituarios A PRIORI

Damnatio Memoriae

Por la presente le informamos de la transición de quien cuando respiraba eran:

Amadeo

Es con extremo placer que informamos de la inexistencia de quien fuera en una vida un Pseudo-Cabalista. Un hombre (palabra que le queda muy grande) muy pequeño e inconsecuente.

Quien nunca demostró iniciativa, quien sólo sabía cómo sembrar discordia y dar excusas ilógicas para sus frecuentes fracasos. "El Rey Midas de la Mierda" nos dejó cuando su impulso *egoico* no pudo con los que le eran superiores.

Que su nombre sea borrado del libro de la vida y su rostro olvidado de nuestras mentes y corazones como la vil alimaña que es...

Berto

Quien fuera el amante del "Rey Midas", un hombre depresivo y frustrado, quien sólo buscaba seguir los pasos de su amado.

Calderón

Del que sólo presentaba promesas y huía al momento de trabajar.

Juan P

Al que su falta de convicción al sendero lo convirtió en un villano.

Nixida

A la que sólo vivía en las fantasías del "Rey Midas".

Mau

De aquella que trabajo excelentemente pero al escuchar los malos consejos se extravió.

FA

Ladrona, embustera y adicta. Nunca pudo terminar algún proyecto por su miedo al compromiso con el éxito.

LAP

Místico psicótico que murió olvidado en un hospital psiquiátrico. Fue encerrado luego que su psicosis se descontrolara y creyera que fue un ser iluminado que podía interpretar antiguos símbolos ocultos.
Fue declarado persona no grata en los Rosacruces por tratar de imponer enseñanzas que no eran rosacruces. Los Frateres Lucis no lo querían cerca porque intentó imponer su visión de ellos. La O.T.O. no lo aceptó como miembro por ser un buscón de títulos. Fue expulsado de la masonería por intentar reclutar a los masones para su culto de personalidad.

JL

Vivió toda su vida a la sombra de su padre. Murió intentado salir de ella, pero nunca lo logró. Su profesión fue la de su padre, su negocio lo heredó de su padre. Hasta a la fraternidad que perteneció fue la de su padre.

Hector
Imitó magníficamente a Judas, Brutus y Casio.

Antonio & Heriberto
No logró algo en esta vida… sólo llevar chismes y crear garatas. Además de estar sentado en una silla por más de 25 años… y ser un desprestigiado alcohólico. Los títulos que obtuvo no fueron por su capacidad, sino por haber pagado una cuota de membresía durante años.

Edwin
Un patán de un barrio de una olvidada vega. Uno más de las legiones de fracasados que se refugian en logias o templos. Este utilizó y abusó de los títulos que le prestaron en su orden místico-esotérica para su beneficio personal.

JC
Otro de los miles de fracasados en la historia de las fraternidades que se unen a una logia para lograr lo que no lograron en el mundo real. Un homicida que mató a su hermano, expulsado de la policía por el uso excesivo de la fuerza, abusaba de su pareja, negó y dejó en el abandono a sus hijos engendrados fuera del matrimonio.

Se negó a pagar los préstamos que tomó a la cooperativa de trabajadores. Se negó a pagar los impuestos. Le sacaba al gobierno nutrición y salud.

Engañando, logró ser maestro de su logia. Regaló el dinero de la logia, para enaltecer su imagen. Falsificó documentos para favorecer a sus amigos. Prometió favores para comprar el apoyo de otros fracasados como él. Utilizó su poder como maestro para encubrir sus crimines.

Ejemplo de lo peor que invade las logias.

Vivian y Randolfo

Fracasaron en casi todas las facetas de su vida personal. Se refugiaron en las órdenes místico-esotéricas para llenar su vacío existencial y necesidad de reconocimiento.

Cuando lograron una posición de liderato, único logro de su vida, se convirtieron en mitómanos. No permitían que sus hermanos de templo los tocaran porque les ensuciarían su progreso espiritual.

E & M

Pareja de gnósticos que se vendieron por un título. Torturaron a su hija para que fuera gnóstica y causaron la enfermedad de su hijo varón por someterlo a las prácticas irresponsables de su religión

Carlitos

Misionero gnóstico, que vendió a sus estudiantes por una tarjeta verde… y $120 para ir a surfear…

Víctor

Político consumado. Mentiroso experto. Un buen segundo o vice presidente, pero jamás un gran líder. Sólo utilizó su posición para obtener privilegios para él, su familia y amigos (en ese orden). Su carrera política fue destruida por los malos consejos que escuchó de otros politiqueros que también querían subir con él. También contribuyó que sus actos impropios con su cuñado (en pedir y tomar chantajes para conceder contratos de servicio) fueron descubiertos por su fraternidad.

Carlota

Un mediocre que le tenía mucho miedo a las personas que han logrado algo de importancia en su vida. Detestaba a las personas con títulos académicos o militares. Todo por la realidad que nunca tuvo la capacidad para obtenerlos.

Su mediocridad se fundamenta en que este nunca quiso tomar posición alguna ante los problemas que le presentaban, y que era su potestad resolverlos por su posición en su orden. Posición que obtuvo por molestar al número menor de personas y agarrarse de la victoria de Víctor.

Lizardo

Una fracasada quien pretende que el estado la mantenga… a ella, a su esposo y a sus hijos por el resto de su vida. Reclama no poder trabajar por sus lesiones físicas, sin embargo si puede practicar deportes y bailar hasta el amanecer.

La única razón por la que se unió a su sororidad era para logar los recursos y apoyo necesario para adelantar su causa de vagancia. Un ser despreciable, que le causo grave daño físico a una candidata a iniciación. Todo por el placer de causar daño.

Juan Arcángel

Se unió a la fraternidad para complacer a su amigo de la niñez (quien lo quería en la fraternidad por su capacidad económica). Una vez que se unió se distinguió por siempre estar ausente de su fraternidad, aun así pudo subir los peldaños de los grados de su orden. Lo único que tuvo que hacer es abrir su chequera para comprar las conciencias de algunos y el silencio de otros… alguien siempre tiene que pagar las utilidades y las cervezas.

Karoly

Creía ser una persona espiritual. Pero su vida estaba lejos de la espiritualidad. La espiritualidad requiere la disciplina que no tenía. Creía que aprender un par de cositas en hebreo y algo de cábala era suficiente. Creía que decirle a las personas que meditaba era suficiente para ser espiritual.

La Pitirrea

Decía que practica la espiritualidad, pero lo único que quería era un lugar para reunirse con amistades y estar en algún lugar 'interesante' que le diera algo de vida a su aburrida existencia.

Jorgita

El decían la llorona. Estaba tan desesperada por obtener un título en su fraternidad que tomó el primero que le dieron (el que nadie más lo quería). Para el cual no estaba preparada y lo único que hizo fue meter las patas y pasar vergüenzas.

José

Megalómano que se destacó como fracasado recurrente en cada faceta de su vida.

Buen hijo... únicamente cuando necesitaba el dinero de sus padres. Estudiante sobresaliente en instituciones renombradas por la mediocridad de su estudiantado. Excelente amigo... mientras podía sacar provecho y utilizar a sus amistades. Al momento de su transición sus pocas amistades se habían percatado de su vil calaña y múltiples puñaladas traperas.

Innecesariamente cruel con las personas que le amaban. A pesar de haber sido un manteni'o por ellas. Progenitor que brilló por su ausencia durante toda la vida de su progenie. Siendo esta su única cualidad redentora como progenitor. Buscón que a través de tretas y trampas mendigó un apartamento en un arrabal.

Músico... o por lo menos intentó acomodar unas notas de manera monótona y repetitiva a lo cual él mal llamaba composición.

Místico… ni en eso fue bueno. Pseudo Filósofo que nunca pudo dominar las reglas básicas de la lógica elemental y se conformó con memorizar y parafrasear los trabajos de otros para parecer inteligente. Cuando se expresaba era repetitivo e incoherente, pero hay que comprender al pobre cobarde infeliz ya que sufrió de sus facultades mentales.

Sus intentos de manipular los sentimientos de sus amistades permitían proyectar lo PATETICO que era como ser humano.

Murió de la impresión que recibió al enterarse de la venganza que su mejor amigo le cobró por haberlo traicionado.

Que en el Noveno Circulo del Infierno quede hasta el Juicio Final

Adeptus Alfredo B.
Mentiroso de profesión. Gustaba de engañar para poder lograr la entrada en las Órdenes Esotéricas. Ya que a través de la mentira podía ascender en los grados. Lamentable sólo logró comprar con el verbo enfermo temporeros grados.

Como buitre se aprovechó de la desgracia de su frater Rosacruz para poder ascender en la jerarquía de esa orden.

Viajero habitual, ya que tiene que huir constantemente de sí mismo.

Jugo a ser un satanista, cuando no había nada mejor que hacer. La Aurora Dorada no lo quiso, se conformó con la auto iniciación y auto otorgación de grados. Trató de ser un Masón, pero sus secretos fueron revelados. Trató ser Telemita, pero sus traiciones se lo impidieron. Los gnósticos ni lo miraban.

Ejemplo de la vacía arrogancia que lleva al fracaso y auto engaño.

Que en el olvido queden...

PALABRAS FINALES: TOMO 1 & 2

Clausura: Tomo 1

He terminado experimento que fue la Sociedad Oculta (y la A.E.M.). La publicación del Vox Exigua ya no continuará. Su razón de ser ya no existe. Pero, mientras duró tiempos interesantes fueron.

Destruimos a misioneros gnósticos, desbancamos a conferenciantes rosacruces, impresionamos a espiritualistas, cabalista y teósofos. Al final del proyecto educamos a cientos de personas. Nuestra revista se leyó por los EE.UU. España, Sur América y Japón. Sin embargo, lo más importe es que logramos probar que la juventud no debe ser menospreciada. El impulso espiritual de un joven, sus experiencias y conocimientos son tan validos como la de un viejo místico.

Nuestro proyecto desmitificó a esos lugares sagrados que se creían estar por encima de los demás. El Vox Exigua fue un reflejo de eso que hicimos. Lo hicimos para demostrar nuestra valía, ya que a los jóvenes no se les da una verdadera oportunidad. No se toma en serio sus opiniones o sus posturas. No se valora que en la juventud hay gran poder. El poder de estar dispuesto, de tener curiosidad insaciable. La cual es asesinada por las generaciones más viejas, quienes se han cohibido. Quienes buscan perpetuar sus miedo en las nuevas generaciones. Utilizando esa palabra pecaminosa… restricción.

Los que formamos parte de la Sociedad Oculta (y la A.E.M.) practicamos todo tipo de magia, estudiamos todo tipo de tradición. Nos enfrentamos a los demonios construidos por la sociedad y los vencimos. Hasta el día de hoy todos los que fuimos parte de la S.O. 2001 C.E. (y A.E.M.) somos mejores personas. Algunos son apostatas de la experiencia mística y otros simplemente son ateos, también hay quienes al día de hoy son miembros de iglesias cristianas fundamentalistas. Sin embrago quedamos otros que simplemente seguimos en los caminos del esoterismo en las diferentes órdenes y tradiciones. Salimos de la S.O. con una perspectiva diferente.

El Vox Exigua es el testigo de ese cambio que ocurrió en nosotros.

Del cambio que ocurrió en mí. Los jóvenes ocultistas de la próxima generación tienen que tomar las riendas de su espiritualidad. No deben cohibirse a las fronteras que los viejos caducos nos han impuestos. Tienen que hacerse cargo de su futuro y no creer porque alguien les ha dicho, sino porque lo experimentaron. Tienen que apoderarse a sí mismos porque nadie lo hará por ustedes.

Seamos Rebeldes e Iconoclastas, que ningún lugar quede sin ser movido,

A.O.

2006

Clausura Tomo 2

Se esperaría que las órdenes místico esotéricas y fraternales impactaran de manera positiva a la sociedad. Sin embargo hemos encontrado que es al inverso. La sociedad influye en las órdenes de manera más efectiva y perversa de lo que se esperaría.

Hemos encontrado alcohólicos, adúlteros, mentirosos y hasta homicidas en las órdenes. No sólo como parte de su matrícula, sino como líderes dentro de estas (o en otros casos protegidos por los lideres). Lo cual no nos debe sorprender. Ya que las órdenes son un reflejo de la sociedad donde estas se enclavan y desarrollan.

Una de las razones por la cual la S.O. terminó fue por el alto nivel de conductas contraproducentes que se habían insertado en ella. Incluyendo la fragmentación de la matrícula en bandos, que sólo sirve para fomentar la desconfianza y discordia. Lo cual sólo lograría retrasar nuestros estudios místicos. Pero, esto es tan sólo el reflejo de nuestra sociedad.

Replicamos los comportamientos que vemos en nuestro alrededor y no somos lo suficientemente maduros como para poder transformar las impresiones y trabajar nuestra propia espiritualidad. Las órdenes no tienen el sentido común o madurez de reconocer un problema, establecer un plan de acción adecuado y atenderlo. La tradición es más importante, los usos y costumbres son más poderosos que la razón, y la mera mitomanía de los líderes jamás permitirá que estas puedan atender sus problemas.

Cada hombre y cada mujer es un estrella (Liber Al, Cap. I:3), pero cuando esas estrellas colisionan se destruyen (o en el mejor de los casos se transforman en algo diferente). Pero la realidad que esa transformación es destructiva y contraproducente.

El trabajo espiritual debe hacerse solo. Por tiempos se puede buscar aliados y trabajar con ellos. Meros acompañantes en un tramo del camino. Pero al final de ese camino se tiene que desapegar de esas relaciones. Toda relación termina, en la forma que decidamos terminarla es lo demuestra nuestra madures como seres humanos.

Seamos Rebeldes e Iconoclastas, que ningún lugar quede sin ser movido,

A.O.
2011

CLAUSURA AL VE: RECTIFICADO

Rectificado

No tengo forma de concluir este libro con un mensaje elevado o de esperanza. No le puedo decir que valió la pena todo el dinero y tiempo que invertí en la persecución de un conocimiento que no está allí. De una hermandad que nunca existió. Sólo puedo concluir con decepciones.

A.O.
2013

Decepciones

Ser parte de las órdenes esotéricas y fraternales fue una gran experiencia. De la cual puedo decir que todos deberían tenerla, aunque sea vicariamente. Porque estas son un micro cosmos de nuestra sociedad. Todo lo bueno y lo malo se *exponencializa* y podemos ver en un laboratorio social lo mejor y lo peor de nuestra sociedad.

En lo que han sido mis experiencias, en los países latinoamericanos y EE.UU. las órdenes esotéricas y fraternales han mantenido un alto nivel de selección a sus rangos. Inclusive ese hermetismo en la selección les ha servido para preservar cual ha sido su razón de ser o en otros casos a adaptarse a una nueva realidad social.

Sin embargo esto no ha sido así en Puerto Rico.

¿Hombres Libres y de Buenas Costumbres?

Me inicié, fui adelantado y exaltado en una logia masónica de Ponce. Las principales enseñanzas de esa logia fue el odio e intolerancia hacia mis hermanos masones. Porque aparentemente tienes que odiar a los hermanos que son los rivales de los 'dueños de la logia'. Si no los odias entonces eres el enemigo, porque si no estás conmigo estas en mi contra.

También aprendí que las leyes y reglamentos se aplican selectivamente a los hermanos, que a veces se es muy severo y otras extremadamente laxo. Todo está en nivel de afinidad y asimilación con los 'dueños de la logia'.

Eventualmente me transferí de esa logia.

Uno de los patanes que se creía 'dueño de la logia' decía que, aquí no se vota a nadie, la persona se vota a sí mismo. Sin embargo el ambiente extremadamente hostil que ese patán creó en mi contra sólo daba la alternativa de irse. Todo porque ese 'hermano' estaba en desacuerdo con mi religión. En la masonería experimente discrimen por mis creencias religiosas.

En mi segunda experiencia con la masonería descubrí que los masones de Puerto Rico son tan corruptos como el resto de la sociedad. Porque cuando comencé a investigarlos encontré que en sus filas hay de todo... lo malo.

Busqué en los archivos virtuales de los periódicos y encontré que masones eran narcotraficantes, abusadores de sus esposas, escándalos políticos y homicidas… encontré en YouTube masones con escándalos de adulterio…. En el sistema del Departamento de Justicia encontré demandas por deudas, abuso conyugal, falta de pago de alimentación de sus hijos…

Si algo descubrí de los masones puertorriqueños es el silencio del cómplice. En el silencio mezquino o cobarde hace de todos los masones de Puerto Rico cómplices de las acciones de sus hermanos.

La más alta lección que me llevé de los masones de Puerto Rico es: la palabra de un corrupto vale más que de un hombre honrado, si el primero tiene un título prestado que le da "poder".

¿Con Deseos de Paz Profunda?

Me uní a los Rosacruces AMORC como alternativa a los masones. Siempre me dijeron que para ser masón se necesitaba ser rico. Mi experiencia fue que los rosacruces son más costosos que los masones.

También aprendí que sin dinero no hay acceso a los conocimientos del universo. Inclusive si no se paga una cuota no se es miembro de la orden, no se tiene acceso a las lecciones, y de alguna forma logran limitar la entrada de las personas al *Sanctum Celestial*. Y el acceso a la información se limita al grado que se ha comprado de la 'amada orden'. Aparentemente poder entrar a un lugar en el 'plano espiritual' está ligado a un pago de cuotas en el mundo material.

Todo a pesar que los rosacruces dicen que sus enseñanzas son extremamente necesarias para el progreso de la humanidad.

También aprendí de la falsa espiritualidad e hipócrita espiritualidad.

Ya que la espiritualidad que allí me mostraron, era una de la que se demuestra a otros. Ser el más espiritual era quien llegaba y se metía la templo a meditar o el más que hablaba de temas espirituales. Pero no de las monografías. Eso estaba prohibido.

La hipócrita moralidad salía del hecho en que las fuerzas espirituales podían ser utilizadas para justificar cualquier acción. Una mujer adúltera se justificaba porque el cósmico le envió el amor de su vida en la forma de un hombre casado; y los hermanos de alguna forma justificaban el odio a otro hermano o su avaricia y codicia por la administración de los fondos de la logia.

Los líderes de la orden Rosacruz AMORC en Puerto Rico utilizaban lo espiritual para justificar sus excentricidades. Como el no saludar a otro hermano porque su estado de pureza espiritual era tal que no podía saludar a alguien más bajo que él. Por no mencionar que cuando metían las patas en los aspectos administrativos invocaban su alta jerarquía espiritual para justificarse.

¿Nacimiento, Muerte y Sacrificio?

De todas las órdenes esotéricas y fraternales que visité, la única que puedo decir que merece desaparecer es la Gnosis. Esta es la epitome de la hipocresía y fuente de daño emocional y espiritual. Sus creencias van más allá de lo ridículo y sus prácticas causan daño real en las personas que se involucran en este culto.

El más criminal de todos sus actos fue lo que le hicieron al "Niño Dorado". Una persona con esquizofrenia, bajo tratamiento farmacológico y psicológico. Éste fue alentado a abandonar los tratamientos de la medicina capitalista occidental. Se le dijo que con teses, mantras y meditación se podía curar… Y por un tiempo fue el estudiante perfecto de la gnosis. El estándar dorado por el cual nosotros, las sucias larvas del lodo de la tierra (como nos decía el Obispo Gnóstico y Vicario para Puerto Rico), serias evaluados. El "Niño Dorado" era a lo que debíamos aspirar.

Así fue hasta que el "Niño Dorado" cayó en un brote sicótico. Fue al Lumisial Gnóstico, les informó que el Maestro Samael lo había iniciado en los altos misterios bajo el nombre de Venerable Maestro K. Por lo cual lo tenían que sostener para así beneficiarse de su vasto conocimiento.

El "Niño Dorado" dejó de ser el estándar de la excelencia gnóstica.

Otra situación que hace tan despreciable a la gnosis fue lo que sucedió con una serie de candidatos a la Segunda Cámara.

Luego que le cobraron la iniciación no se la concedieron… y la institución tampoco les devolvió las cuotas que habían pagado. A un afro caribeño no le dejaban ser iniciado porque era su karma ser de esa raza. A otro usaron sus secretos de confesión para no dejarlo iniciarse. A otro lo acusaron de ser demasiado intelectual. Todo porque al obispo gnóstico no le gustaba a ese tipo de candidato.

Ese obispo dijo que salió en astral a la cuarta vertical, y buscó en los archivos *akashicos* la hoja de vida *karmica* de cada uno de esos candidatos, y les dijo a todos lo que vio allí era suficiente para no dejarlos iniciarse... aunque ya se les haya cobrado la cuota de iniciación.

Igualmente, su doble moral y estándares, su visión de la humanidad como el pasto que el gnóstico usa para autoanalizarse, su visión racista, machista y misógina, la forma en que se educan a los niños, sus ideas malsanas y aberrantes de la sexualidad humana, contribuyen a hacer de la gnosis algo despreciable...

¡Fin!

Vox Exigua